絵本でつくる ワークショップ
体感しよう絵本の世界

槇 英子　仲本美央　瀧 直也　松山恵美子

はじめに

ワークショップの準備をしている学生たち

　上の写真は、私たちのゼミ学生たちがワークショップ開催の準備をしている様子です。「どうしようか」「こうしたらどうだろう」などの言葉を交わしあい、真剣に、そして楽しみながら、協働して新たなものをつくりだそうとしています。学生たちにとって、試行錯誤しながら主体的に活動することが日常の姿となってきました。私たちは大学教育において、このような学生たちの姿を導きだすことを目指してきました。

　本書は、その学生たちの姿を導きだすきっかけとなったワークショップを紹介するものです。第1章では、2011年より4年間で開催してきたワークショップの実際を、主に写真という映像を通して紹介しています。第2章では、ワークショップが誕生したきっかけから具体的な活動展開を説明しています。第3章では、言語表現、造形表現、自然体験活動、情報教育、それぞれの専門領域からワークショップの方法と成果を述べています。

第4章では、ワークショップの誕生から活動展開に至るまでのさまざまな専門家や地域、企業、学内との連携を述べると共に、他大学でのワークショップによる活動を紹介しています。私たちは絵本でつくるワークショップを開催してきたことで、その場に参加したすべての人が主体となる活動であることを実感してきました。また、それにより一人ひとりの生きる力が育まれていることに気づきました。

　本書によって、この活動の展開や方法だけでなく、参加者一人ひとりが主体となり、生きる力を育むことができるということをお伝えできましたら幸いです。さらに、児童館や学童保育、保育園、幼稚園など子どもたちが生活する場でも「私たちもやってみたい！」という思いと実際の取り組みがひろがることを願っております。

2014年2月　　　　　　　　執筆者一同

本書の図の見方について

　本書では、学生たちのジェネリック・スキルと専門性（ここでは主に福祉・教育職として）を絵本の世界を体感するワークショップを介して育成するということを、以下の図で表現しています。

　1つめの図、「絵本の世界を体感するワークショップ」では、学生たちと地域の子どもたちを「絵本の世界」を媒介にしてつなぐもので、大学でのゼミ活動による専門教育がそれらをつないでいることを表しています。p.62からのワークショップⅤは、言葉・造形・自然・情報の4つの領域がそれぞれの専門性を生かし、連携しています。そこでは、子どもたちと絵本の世界を構成する要素やキーワード、物語性を共有するため、さまざまな企画と準備を行いました。

▍絵本の世界を体感するワークショップ

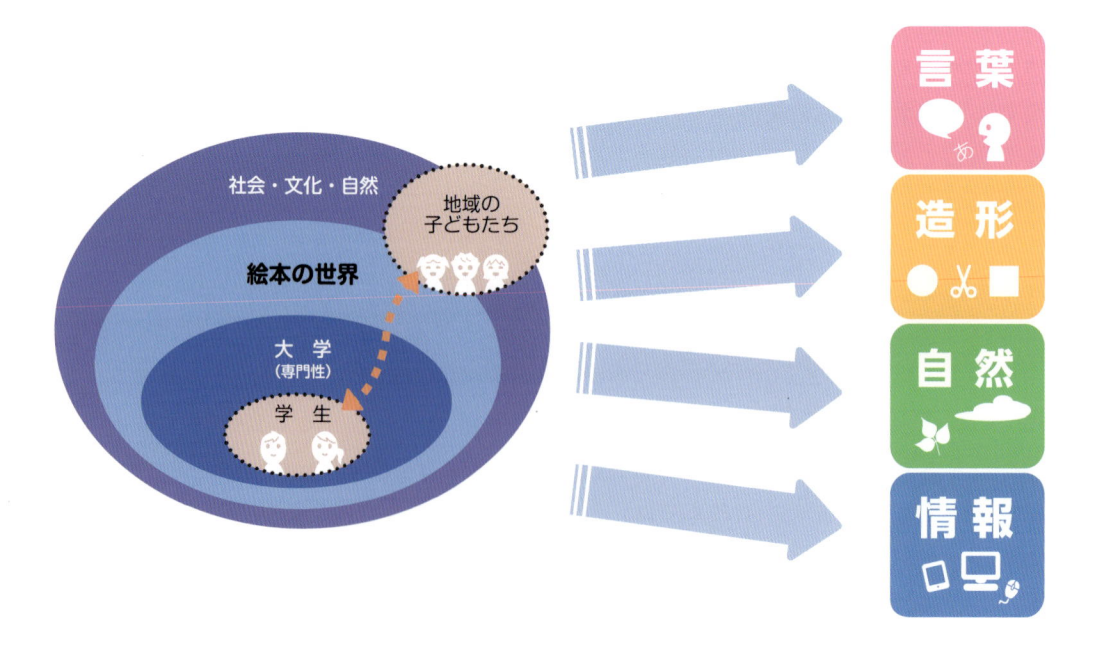

また、もう一つの図、「学びの視点」では、学内外の教育力という２つの視点から専門性が育まれていく、ということを表しています。第１に学内の教育力で内側から押しひろげられ、第２に社会・文化・自然とのかかわりがひろがることで、専門性が育まれるというイメージです。

学びの視点

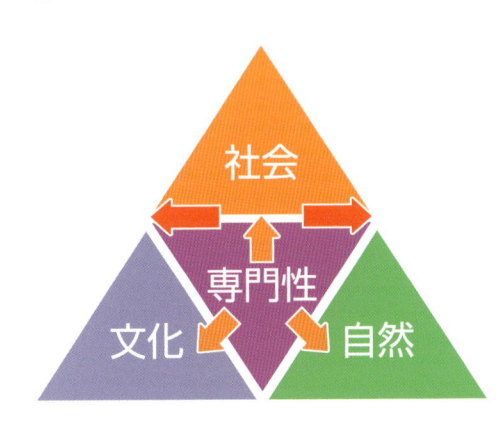

●専門性　＜２つの視点から育まれる、福祉・教育職としての専門性＞
第１の視点　学内の教育力（内側から押し広げる力）
第２の視点　学外との連携による教育力（社会・文化・自然とのかかわりの広がりによって育まれる専門性と実践力）

●社会　＜ジェネリック・スキル＞
社会人基礎力（⇔ 保護者支援・連携 / ⇔ 同僚）

●文化　＜技能・創造性＞
保育文化財（絵本など）やアートへの理解

●自然　＜生きる力＞
自然と共生し、課題を解決する力

もくじ

はじめに 3
本書の図の見方について 4

第1章　絵本の世界を体感するワークショップの実際 7
　ワークショップⅠ　『14ひきのひっこし』の世界を体感する 8
　ワークショップⅡ　『ぐりとぐら』『ぐりとぐらのえんそく』の世界を体感する 24
　ワークショップⅢ　『もりのかくれんぼう』『おちばいちば』の世界を体感する 38
　ワークショップⅣ　デジタル絵本をつくり、地域の子どもたちと楽しもう 52
　ワークショップⅤ　『からすのおかしやさん』の世界を体感する 62

第2章　絵本の世界を体感するワークショップの誕生と展開 81
　1．目の前にいる学生たちに必要とされていた学び 82
　2．なぜ、ワークショップであったのか 86
　3．絵本の世界を体感するワークショップの誕生 88
　4．絵本の世界を体感するワークショップの展開 90

第3章　絵本の世界を体感するワークショップの方法と成果 95
　1．ワークショップと言語表現 96
　　コラム　よい読みあいとは 102
　2．ワークショップと造形表現 103
　　コラム　ビニール袋を活用しよう 114
　3．ワークショップと自然体験活動 115
　　コラム　手軽にパンを焼いてみよう 127
　4．ワークショップと情報教育 128
　　コラム　ムービーを制作してみよう 140

第4章　絵本の世界を体感するワークショップがつなぐもの 141
　1．絵本の世界がつなぐ"ひと・もの・できごと" 142
　2．連携（つながり）から生み出されたこと 144
　3．大学発ワークショップのひろがり 153

おわりに 158
絵本の世界を体感するワークショップに参加した学生たち 159

第1章 絵本の世界を体感するワークショップの実際

　第1章では、これまで開催してきたワークショップの概要を紹介します。

　ワークショップⅠは、教員側からの提案を学生が受けとめ、ふくらませていくような形で進行しました。教員同士の連携を深め、企業や地域との連携や可能性を模索する「創成期」ともいえる取り組みでした。ひろがりのある実践になった一方、推進役のバトンを教員から学生へ手渡すことが課題となりました。

　ワークショップⅡからは、学生たちがさまざまな役割を担い、発想をひろげていく姿が見られました。準備段階では、大学生としての資質や専門性の向上につながるさまざまな取り組みを行っています。当日は、絵本の世界を地域の子どもたちと共有し、かけがえのない時間を過ごしました。

　本章では、大学発ワークショップの楽しさとひろがり、〈社会・文化・自然〉とのかかわりやつながりを通して育まれていく学生たちの学びを、映像を通して感じていただきたいと思います。

ワークショップ I

『14ひきのひっこし』の世界を体感する

　ワークショップを本学で開催するにあたり、自然豊かな大学とその周辺環境を生かしたものにしたいと考えました。そこで、自然と共に生きる家族のあたたかなつながりが描かれる、いわむらかずお先生の14ひきのシリーズの絵本の世界を子どもたちと共に体感できたらと話しあいました。その中から、冒険や工夫のわくわく感や力をあわせてつくり出す楽しさを味わうことができる『14ひきのひっこし』を選びました。

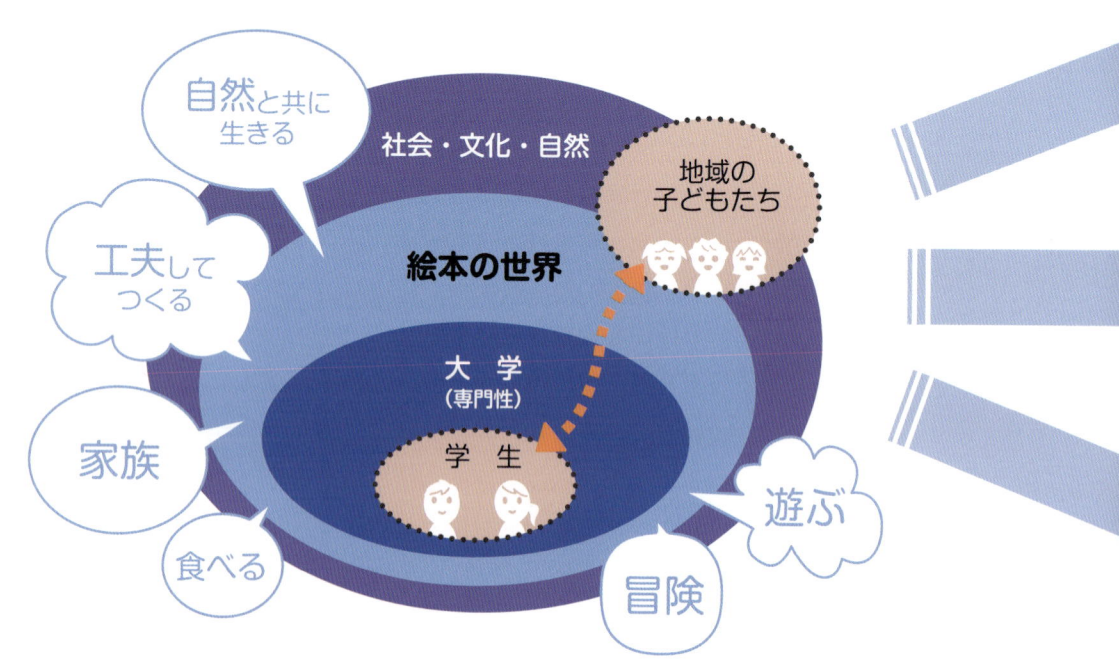

▶ 『14ひきのひっこし』の世界の魅力を体感するためには!?

このお話は、14ひきの家族がリュックサックを背負いながら森の奥を目指してひっこしをする場面からはじまります。崖を登り、イタチから身を潜め、川を渡り、素敵な木のねっこのお家を見つけました。竹や木を切って、家の中のさまざまな家具や道具がつくりあげられていきます。ついには、皆で力をあわせて、川の水を引く水路までできあがります。実りの多い山の食料をあつめ、おいしい食事を囲んだ夕ごはんから14ひきの新しい家の生活がスタートします。

14ひきのひっこし
作者　いわむら かずお
出版社　童心社

■ それぞれの専門性の特色を生かした活動の企画と準備

言葉

- いわむらかずお先生の世界そのものを体験する
  ▶『いわむらかずお絵本の丘美術館』に行く

- いわむらかずお先生のお話を聞く
  ▶ 大学祭で講演会を企画・運営する

- 14ひきシリーズの中から、大学をステージとして参加した子どもたちと世界を共有できるお話にする
  ▶『14ひきのひっこし』

造形

- ひっこしで荷物を運んで移動する体験
  ▶ マイリュックサックを用意して背負って歩く

- 家族が新しい生活のためにしている手作り体験
  ▶ 竹を使ったものづくり：竹の食器

自然

- ひっこしたら新しい生活がはじまるという期待
  ▶ 竹を使った遊びを工夫して楽しむ

- 新しい場所で生きていくために必要なもの：水
  ▶ 竹の樋（とい）で水を引く

- 新しい場所で生きていくために必要なもの：食事
  ▶「やきいも」をつくってみんなでいっしょに食べる

| 事前活動 1 | 美術館で「いわむらかずお先生の世界」を体感する |

2か月前

　子どもたちと共に絵本の世界を体感するためには、まず、絵本作家の世界観や絵本が生まれた背景を五感で感じ、深く理解することが大切であると考え、「いわむらかずお絵本の丘美術館」の見学に行きました。

　「いわむらかずお絵本の丘美術館」は、絵本の世界とその舞台である里山の自然が同時に楽しめる場所づくりをめざして、栃木県馬頭町（現・那珂川町）に1998年4月に開館した美術館で、いわむら先生ご自身が館長です。

　初めてのワークショップに先立って、バスをチャーターして見学に行きました。

　そこでは、絵本の原画やスケッチ、豊かな自然を目の前にしながら、先生のお話を直接聞き、ほんとうに心豊かなひとときを過ごすことができました。絵本の世界の源を体感する機会となりました。

美術館では、絵本や自然に関するイベントが定期的に開催されています。

いわむらかずお絵本の丘美術館
http://ehonnooka.com/
〒324-0611
栃木県那須郡那珂川町小砂3097
TEL.0287-92-5514

第1章　絵本の世界を体感するワークショップの実際

ワークショップⅠ 『14ひきのひっこし』の世界を体感する

| 事前活動 2 | 自然素材「竹」を使ったものづくりを体験する |

2か月前

　絵本の中では、ひっこし先で自分たちの住む場所をつくる場面が描かれています。そこで、事前活動として「アート・ビオトープ那須」を訪れ、竹細工の技術を学びました。

　「アート・ビオトープ那須」では、さまざまなアート体験や自然体験ができますが、今回は竹を扱うので、竹を加工する用具や留意点、どんなことができるかを講師の方から教えていただきました。

　実際に、お箸づくりなどを体験し、小刀などの用具の使い方や材料の性質を学びました。危険性や楽しさを体験し、それが子どもたちにはどんな活動が提供できるかを考える手がかりとなりました。

　豊かな自然に囲まれた宿泊施設「アート・ビオトープ那須」では、自然に親しみ、文化と接するワークショップやイベントが定期的に開催されています。ここでは、さまざまなアート体験や自然体験ができます。

アート・ビオトープ那須 http://www.artbiotop.jp/
〒325-0303　栃木県那須郡那須町高久乙道上2294-3　TEL.0287-78-7833（代表）

当日に向けて1　自然活動体験の準備

2か月前

　実際の会場となる大巌寺の中庭の実地踏査を行い、絵本の世界を体感する活動とのすりあわせを行いました。また、野外での火の扱い方を確認し、やきいもづくりの流れを考えました。

当日の場所を確認。
どこでどんな活動が
できるか考えます。

長い竹を割るのは初めて。
専門家の技術を教わります。

やっと火が
ついたよぉ

12　第1章　絵本の世界を体感するワークショップの実際

ワークショップⅠ 『14ひきのひっこし』の世界を体感する

当日に向けて 2　造形活動の環境準備

1か月前

　竹によるものづくりや竹を使った遊びを行うために、実際に会場となる大巌寺の中庭において、竹の切り出し、鉈（なた）を使った作業などの事前活動を行い、試作をしました。

> 専門家から指導を受け、材料となる竹を切ります

> 子どもたちの箸づくり体験はやすって仕上げる段階にし、危険な鉈（なた）での作業は事前に行います

> コップやアクセサリーづくりの材料を用意します

13

| 当日に向けて 3 | 講演会準備・チラシ作成・チラシ配布・申し込み受付 |

3週間前～

大学内のエクステンションセンターおよび地域ボランティアセンターと連携して、『14ひきのひっこし』の作者であるいわむらかずお先生にご講演を依頼。

子どもの絵本環境をつくる保護者や保育者、保育者を目指す学生の皆さんに告知しました。

広報には、大学のエクステンションセンターと連携して、電車の中吊りや大学ホームページで告知しました。

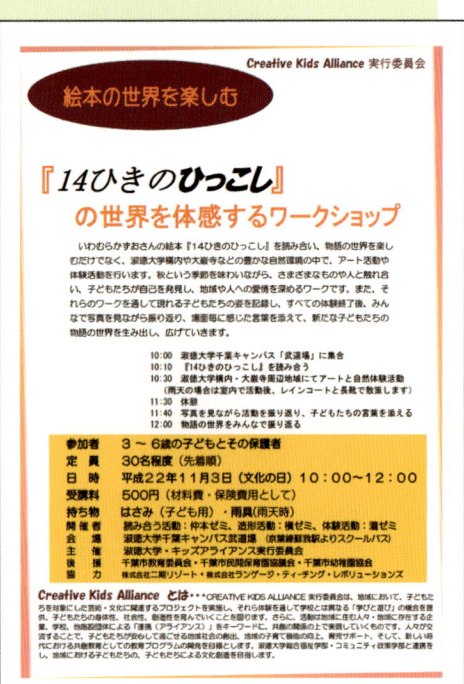

大学周辺の保育園・幼稚園へチラシを持参して、ワークショップ開催を告知。初めての開催だけに代表学生がしっかり説明しながら、参加の呼びかけをしました。

申し込み窓口は、連携した企業に依頼。企業と連絡を取りあいながら、開催当日まで参加者の問い合わせに応じました。

14　第1章　絵本の世界を体感するワークショップの実際

ワークショップⅠ 『14ひきのひっこし』の世界を体感する

事前活動3　　いわむらかずお先生の講演会の開催

10月30日

　いわむらかずお先生の絵本の世界のすばらしさを、多くの人と共有したいと考え、大学祭において、講演会を企画しました。参加者は、絵本の背景となる自然や絵本づくりに対する想いに聞き入りました。

講演会に向けて最後の打ち合わせ。しっかり自分の役割を確認。

いわむら先生の
絵本・自然・子どもに
関するご講演

> 当日の流れ

絵本の読みあい〜ひっこし準備

①

10:00〜

　はじめの顔あわせでは、保護者の方にぴったりと寄り添っていた子どもたちも、絵本の読みあいが始まるとお話の世界に徐々に入り込んでいきます。ひっこしをするために必要な食べ物をマイリュックサックに入れて準備完了です。

はじまりは
絵本の紹介
から…

向きあって
じっくりと
読みあいます…

次はひっこし用の
マイリュックサック
をつくりましょう！
食べ物も
忘れずにね！

おいもも
背負ったし、
準備完了！

第1章　絵本の世界を体感するワークショップの実際

出発〜やきいもやさん〜到着

② 10:30

ひっこし先に向けて出発します。ひっこし先でいっしょに食べる場面を再現する準備として、火を焚くことのできる場所に立ち寄り、おいもを預けていきます。楽しみな気持ちがふくらみます。

> さあ、ひっこしに出発！

> やきいもやさんへようこそ！

> おいしいやきいもにしてね

> おいもを新聞紙で包んで、水につけてアルミホイルに包んで「お願いします」

> お願いします

| 当日の流れ |

竹でつくろう

③ 11:00～

　到着したのは竹に囲まれた中庭です。ここで暮らすのに必要なものや遊ぶものをつくるコーナーを設置しました。食器、楽器、おもちゃ、アクセサリーなどから自由に選んでつくります。

> ようこそ!!
> 暮らすのに必要なものや
> あったらいいなと
> 思うものを
> つくりましょう！

> 竹を切り出すと
> コップができます

> 竹をやすって
> 自分だけのお箸を
> つくります

> 竹の楽器や
> おもちゃづくりを
> 楽しむコーナー

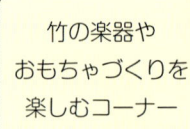

18　第1章　絵本の世界を体感するワークショップの実際

ワークショップⅠ 『14ひきのひっこし』の世界を体感する

竹で水を引こう

④ 11:30〜

　絵本の中にあった水を引く場面を再現します。力をあわせて竹でつくった樋を運びます。うまくつなぐと斜面の上の水源から水が流れるような設定にしておきました。歓声があがり、いろいろなものを流す遊びがひろがりました。

> 山の上の方で水の音がするよ！

> この竹を使って水を引こう！

> うまく流れてくるかな〜

> 笹舟やくるみを流して遊びました！

> わーい！水が流れてきた！

19

> 当日の流れ

自由に遊ぼう / つくって遊ぶ・竹ぽっくりで遊ぶ・竹を切る・竹で奏でる

○　○　○　○　❺
　　　　　　　〜12:10

　絵本では、ひっこし先での新しい生活が、楽しそうな家族の姿で描かれます。それぞれに楽しい時間が過ごせるように、竹と遊ぶ時間を設定しました。竹を切る場面の再現から音楽遊びが生まれ、一体感を味わうことができました。

竹で遊ぶ広場。
みんなで遊びを
つくりましょう！

カラスウリ
発見！

竹ぽっくりで
障害物レースに
挑戦！

竹やどんぐりなどの
自然物で自由な制作を
楽しみました！

ゴール！

第1章　絵本の世界を体感するワークショップの実際

ワークショップⅠ 『14ひきのひっこし』の世界を体感する

倒れた竹に駆け寄った子どもたち、触ったりたたいたりして竹を感じています

竹への想いを深め、感動を共有するために、みんなで竹を切る場面を見守ることにしました

楽しかった〜！

いつしか『おもちゃのチャチャチャ』の大合奏に

21

> 当日の流れ

みんなでやきいもを食べよう

○ ○ ○ ○ ○ ❻
～ 12:30

　最後は、ひっこしの途中で預けてきたおいもがやきいもになって届きました。絵本の中でもいっしょに食べる場面はとても大切に描かれています。最後はあたたかな気持ちで終えられることを願って、みんなで食べるひとときを持ちました。

> みんなから預かっていたやきいもが焼けましたよ～！

> ホクホクやきいもおいしいね！

> 14ひきより大家族になった参加者と学生たち、最後にみんなで記念撮影をしました

> やったね！

ワークショップⅠ 『14ひきのひっこし』の世界を体感する

ワークショップⅠ ふりかえり

▶ 学生のふりかえり

●**田中 陽一朗**（2011年度卒業生　保育士）
　3ゼミ合同という形で臨んだワークショップの中で、もう少しゼミ同士に情報の共有があってもよかったのではないかと反省しました。私たちの子どもへ向ける気持ちが大きく、同じ目標を持って活動することで協力しながら、互いの関係性を深めていき、人間関係の形成に繋がったのではないかと思います。

●**斉藤 美幸**（2011年度卒業生　幼稚園教諭）
　さまざまな年齢の子どもたちが参加してくれたことにより、年齢に応じてできることやできないことがあることに対する理解を深めました。自分たちにどのような言葉がけが必要であるのか、その言葉がけによって、子どもたちがどのようにその場の体験を豊かなものにしていけるのかを考えさせられたように思います。

●**竹内 麻実**（2011年度卒業生　会社員）
　今回のワークショップは、子どもも楽しんでいて、ケガもなく無事に終えられてとても良かったと思います。しかし、3つのゼミが合同ということもあり、全体的な流れや時間の管理が曖昧な部分があったと感じました。参加した親子が満足して帰ってもらえるよう、工夫していかなくてはいけないと感じました。

●**池田 恭平**（2010年度卒業生　会社員）
　今回のワークショップでは、大巌寺の中庭を使用させていただき、子どもたちと一緒に竹を利用して楽器や食器などを制作したり水を引いたりして、絵本の中の物語を体感することができました。子どもたちが興味津々の様子で自然に触れる姿を見て、絵本だけでなく、豊かな環境によって発想をひろげることも大切だと感じました。

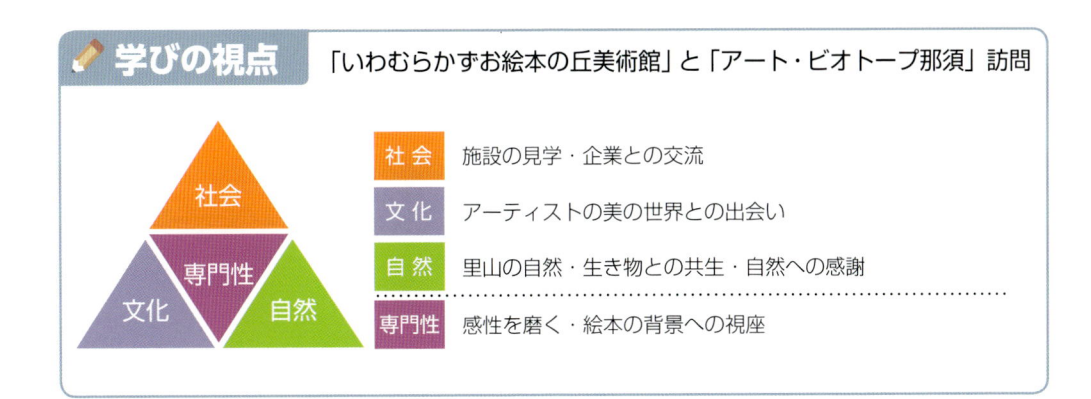

✎ 学びの視点　「いわむらかずお絵本の丘美術館」と「アート・ビオトープ那須」訪問

社会	施設の見学・企業との交流
文化	アーティストの美の世界との出会い
自然	里山の自然・生き物との共生・自然への感謝
専門性	感性を磨く・絵本の背景への視座

ワークショップ II

『ぐりとぐら』『ぐりとぐらのえんそく』の世界を体感する

　前回のワークショップを体感した学生たちから、今回は『ぐりとぐら』の世界をテーマにしたいという声があがりました。ぐりとぐらは、お料理することと食べることが大好きな2匹の野ねずみ。絵本にはいつでもいいにおいが漂います。その魅力に一緒に動く楽しさも加えたいと考え、『ぐりとぐらのえんそく』と融合した世界を体感するワークショップを企画しました。

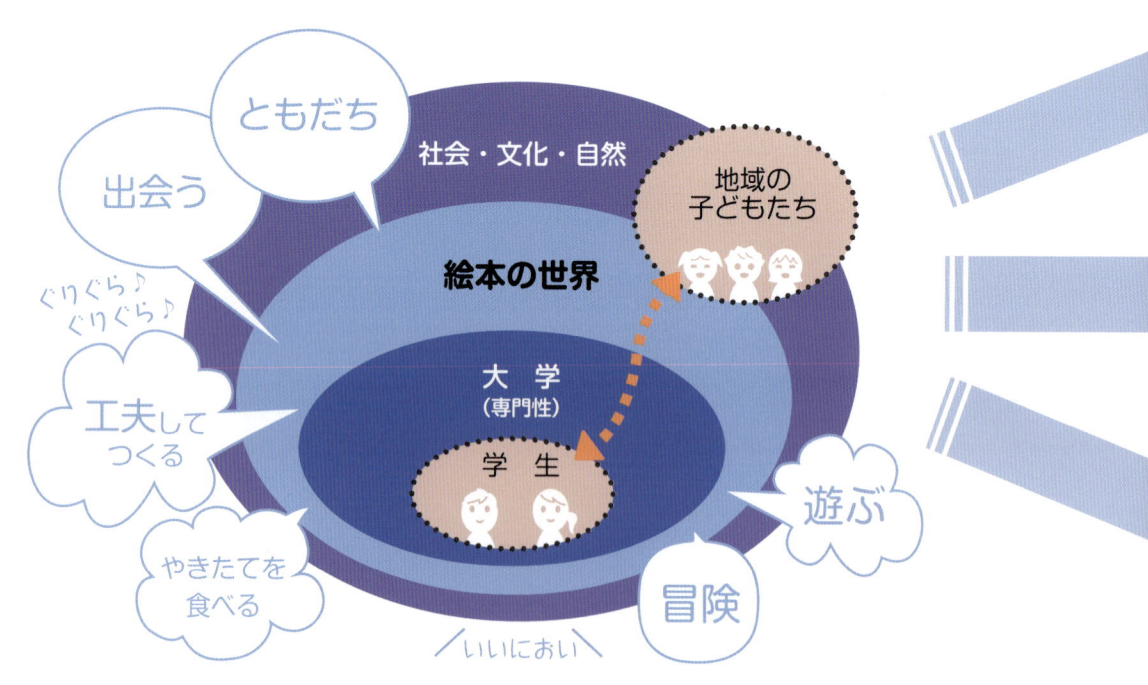

▶ 『ぐりとぐら』の世界の魅力を体感するためには!?

ぐりとぐら

作者　なかがわ りえこ
絵　　おおむら ゆりこ
出版社　福音館書店

このお話は、ぐりとぐらがおでかけをする場面からはじまります。おでかけ中に大きなたまごを発見します。持って帰ることができないとわかったぐりとぐらはお鍋やボールを持ってきてかすてらを作ることにしました。かすてらのにおいに誘われて森の動物たちが集まってきます。みんなでおいしいかすてらを食べた後、ぐりとぐらは、たまごの殻でつくった車に乗っておでかけします。

ぐりとぐらのえんそく

作者　なかがわ りえこ
絵　　やまわき ゆりこ
出版社　福音館書店

このお話は、ぐりとぐらのえんそくの場面からはじまります。野原に到着し、ぐりとぐらは体操やマラソンをはじめます。走るぐりとぐらが、毛糸につまづいて転びます。その毛糸を巻いていくと、くまさんの家に辿り着きます。その毛糸は、くまさんのチョッキがいばらに引っかかり、ほどけてしまったものでした。ぐりとぐらはくまさんを誘って野原に戻り、いっしょにおいしいお弁当を食べました。

■ それぞれの専門性の特色を生かした活動の企画と準備

言葉

- 『ぐりとぐら』のシリーズから
  ワークショップで体感できる世界がえがかれている
  絵本を選ぶ
  ▶『ぐりとぐら』
  ▶『ぐりとぐらのえんそく』

- 「ぐりとぐら」になる
  ▶ 変身できる衣装と帽子

造形

- 『ぐりとぐら』のたまごの車をつくる
  ▶ タマゴカーをつくって遊ぶ

- 『ぐりとぐらのえんそく』で大きなクマに出会う
  ▶ 大きなクマをつくる

- 『ぐりとぐら』の世界をえがく
  ▶ ビニールにのびのびえがく

自然

- 『ぐりとぐらのえんそく』で大きなクマと体操をする
  ▶ みんなでいっしょに体操をして仲良くなる

- 『ぐりとぐら』のかすてらをつくる
  ▶ 焼き立てのバウムクーヘンをつくって食べる

| 事前活動 | アート活動・ワークショップへの参加

3か月前

　夏休みに、アート活動を体験できるワークショップに参加しました。準備・運営にも携わり、ワークショップについて学ぶと共にその楽しさを実感しました。その後、実践発表の中で心惹かれた活動「透明シートに描く」を大学で再現しました。

ワークショップに参加する

実際に体験する

ワークショップ「遊ぶ⇔造形」の準備・運営を体験する

小学校の魅力的な教材に出会う

絵本のワークショップでも体験して感じたことをのびのびと表現する場をつくりたい

ちば造形教育広場（ちばぞう）
http://www.geocities.jp/chibazouhiroba/

26　第1章　絵本の世界を体感するワークショップの実際

ワークショップⅡ 『ぐりとぐら』『ぐりとぐらのえんそく』の世界を体感する

当日に向けて 1 自然体感活動の準備

1か月前

　お話に出てくる「かすてら」、「体操」、「くま」というキーワードから、参加する子どもたちが楽しくさまざまな活動ができるよう、「バウムクーヘン」「くまとたいそう」へと活動が進化しました。

「かすてら」をそのままつくってもつまらない、子どもたちが調理にかかわれるものにしよう！という発想から「バウムクーヘン」のつくり方を確認しました。

火が熱いよ〜

ほら、この辺は焼けてきたよ

この踊りでどうかな？

「ぐりとぐら」の準備運動を楽しくみんなで表現できるよう、キャンプでつくった歌と踊りや、子どもたちの間で流行しているダンスなどを元に試行錯誤しました。

| 当日に向けて 2 | 造形活動の環境準備 |

1か月前

　ワークショップの中で提示する活動を具体的に企画します。まず主人公になる活動が考えられます。そして、お話に出てくる「タマゴカー」や「大きなくまさん」という魅力的なものに出会える内容にしたいと考え、試作や準備をしました。空気でふくらむくまさんは、立ちあがるようになるまで何度も手を加えました。

楽しめる教材を、子どもたちの願いから考えよう！

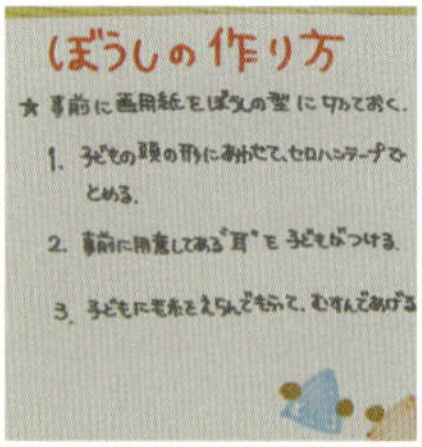

「ぐりとぐら」になりたいかも

画用紙1枚でつくれる帽子を考案！

服はビニール、ベルトは牛乳パックで自然物を飾ろう！

たまごの車に乗りたいだろうな

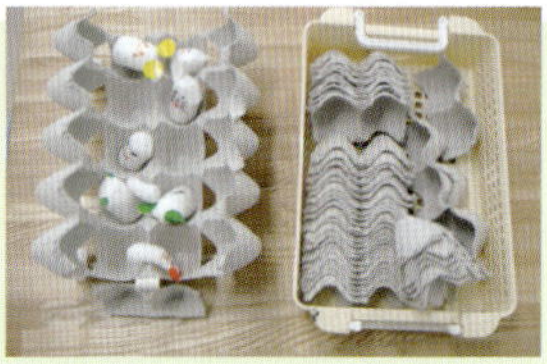

乗れる車をつくっても斜面だから危ないな…

バイト先でたまごパックもらえるよ

斜面で遊べるタマゴカーをつくったら楽しそう…

年齢に応じた援助計画

	タイヤ部分	車	その他
3歳	キャップを竹串につけたもの	つくってあげる	細かいところは手を取って
4歳		つくれない部分を手伝う	できるところは見守る
5歳～	穴をあけたキャップと竹串	力がいるところ（キャップをつける）は手伝う	人形づくりも行う 基本的に子ども主体

大きなくまさんに会いたいかな

ビニールで試作中

28　第1章　絵本の世界を体感するワークショップの実際

ワークショップⅡ 『ぐりとぐら』『ぐりとぐらのえんそく』の世界を体感する

当日に向けて3　チラシ作成・チラシ配布・申し込み受付

3週間前〜

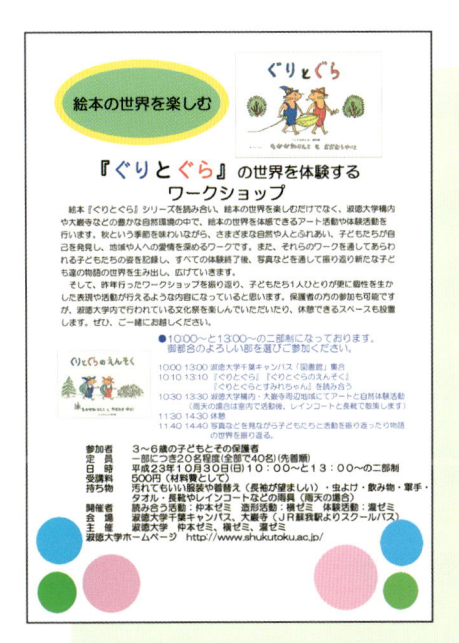

ワークショップのチラシは、学生がデザインし作成しました。
　絵本の表紙やカットの使用については出版社に申請し、使用させて頂きました。

　大学周辺の保育園・幼稚園へチラシを持参して、ワークショップの開催を告知しました。
　申し込み窓口は、大学内のサービスラーニングセンターに依頼しました。
　参加者からの問い合わせには、窓口で要件を伺った後、学生が応対しました。

サービスラーニングセンターとは
　「サービスラーニング」という、教室における学習と、地域で行われる有意義な活動を組みあわせた学習方法を実践、支援するセンターです。「地域とつながる、地域で学ぶ」をコンセプトにさまざまなプロジェクトを行っています。

> 当日の流れ

絵本の読みあい〜『ぐりとぐら』の世界へ出発〜毛糸発見

①
10:00〜

　図書館で『ぐりとぐら』『ぐりとぐらのえんそく』の絵本を読みあい、子どもたちは「ぐりとぐら」が住んでいる世界を身近に感じはじめます。そして、いよいよお話の世界に出発します。みんなでえんそくに出かける途中には、お話と同じように毛糸が落ちています。

図書館には『ぐりとぐら』のコーナーを設置しました。

「ぐりとぐら」が毛糸を巻いているね

毛糸発見！

ワークショップⅡ 『ぐりとぐら』『ぐりとぐらのえんそく』の世界を体感する

くまさんとの出会い

②
10:20

毛糸をたどって中庭に入ると、そこには絵本で見た大きなくまさんが立っていました。はじめはびっくりしていた子どもたちも、だんだん近づいて感触を確かめています。

> くまさんがいた〜！

> いっしょに体操しよう！

> 毛糸をたどると…

31

当日の流れ

くまさんたいそう

③ 10:40

「くまと一緒に楽しく踊ろう」というテーマで考えた歌と一緒に、体操を踊りました。少しずつ動きを覚え、最後はみんなでいっしょに歌って踊りました。お寺の森は、子どもたちと学生たちの身体と音楽の豊かな表現に包まれました。

「ぐりとぐら」の歌をつくったよ。歌にあわせて、みんなで体操しよう！

くまさんみつけたよ〜♪

おいし〜く♪

できるかな〜♪

ワークショップⅡ 『ぐりとぐら』『ぐりとぐらのえんそく』の世界を体感する

「ぐりとぐら」に変身

④ 11:00

　次は、好きなコーナーに行ってつくって遊ぶ時間です。「ぐりとぐら」は、いつも青と赤を基調とした帽子と服を着ていて、そのファッションがふたりの仲のよさを感じさせてくれます。ここは、ぐりとぐらに変身できるコーナーです。

服

服はビニールでつくってクレヨンで模様を描こう！

変身の説明をします！

帽子

感触のよいひもを選びました

子ども自身がつくるのを援助します！

33

> 当日の流れ
自由に遊ぼう／タマゴカーをつくって遊ぶ・絵の具で遊ぶ

⑤ 〜 11:40

　タマゴカーづくりは、準備段階で考えたように、年齢に応じて援助を変え、自分でつくったという達成感や愛着がもてるように見守ります。走らせる環境を設定し、子どもと共に遊びを発展させていきます。描画のコーナーは、絵本にはない場面ですが、野外でのびのびと表現する楽しさを感じて欲しいという願いから生まれました。

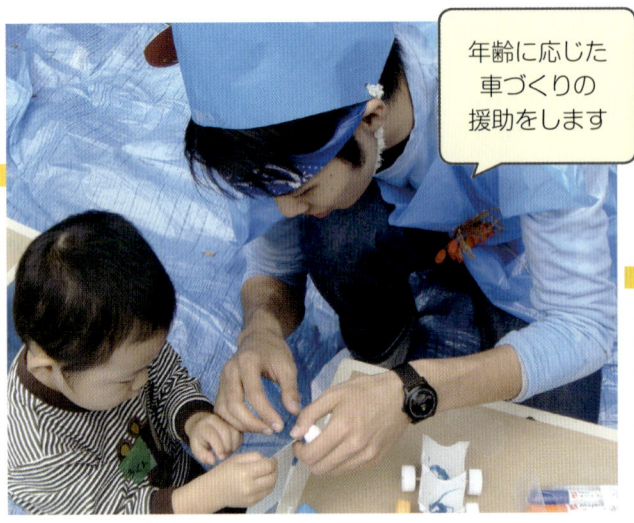

年齢に応じた車づくりの援助をします

遊びの発展を考えていっしょに楽しみます

楽しい気持ちがいっぱいになる！

感じたことを思ったように描いてね

ワークショップⅡ 『ぐりとぐら』『ぐりとぐらのえんそく』の世界を体感する

バウムクーヘンをつくろう

⑥ 12:00

　バウムクーヘンづくりは、芯となる棒に生地を少しずつかけて、直火で焼いていきます。生地がたれてしまわないよう、棒を回しながらくるくる焼きます。子どもといっしょに焼くことを重点に置き、火傷に対しての安全管理にも注意を払いました。

生地をかけて焼いていきます

竹を抜いて切ってみよう！

竹にアルミホイルを巻いて

この焦げ目が切ったときの線になるんだ

だんだん大きくなってきたぞ

くるくる回しながら焼くんだよ

焼けたら、また生地をかけて焼いていくよ

35

当日の流れ

みんなでバウムクーヘンを食べよう

⑦ 12:30

バウムクーヘンの完成！

ぐりとぐらの衣装かわいいね

もっと食べたいなぁ

36　第1章　絵本の世界を体感するワークショップの実際

ワークショップⅡ 『ぐりとぐら』『ぐりとぐらのえんそく』の世界を体感する

ワークショップⅡ ふりかえり

▶ 学生のふりかえり

●杉平 響子（2011年度卒業生　幼稚園教諭）
　ワークショップの話しあいでは、人の意見を聞いて受け止め、取り入れることで予想しなかったアイディアが生まれ、たくさんの人数で一つの行事を行う楽しさを実感しました。同時に、当日は予想外なことも起き、色々な場面を想定し対応する、保育の難しさを学びました。卒業してからもこの経験は私にとってとても大きいです。結果や評価が全てではなく、行う過程や経験が成長する大事なきっかけであると考えています。そして全力で協力し行ったワークショップでできた人間関係は深く、卒業した今も大切な友人ばかりです。

●増渕 仁美（2012年度卒業生　学童指導員）
　このワークショップでは、私たち学生も多くの経験をすることができましたが、何よりも参加した子どもたちに何を感じ、何を経験してもらうのか、ということの大切さを考えさせられたと思います。私たちが行った「バウムクーヘンづくり」と、「くまのたいそう」も、子どもたちといっしょに行える活動を実施しようと、絵本をもとにみんなでアイディアを出しあって生まれたものです。子どもたちが目の前にある火を怖がりながらもバウムクーヘンを焼き、できあがったものを頬張る様子がとても印象に残りました。

●阿部 太久也（2011年度卒業生　学童指導員）
　絵本は、読むだけでも子どもの想像力を豊かにすることができるが、ワークショップのように、絵本を「体験型」にしたことで、深く世界に入り込むことができた。絵本の表現を直接的に体感できることが、子どもの想像力をより一層刺激し、豊かにしていくことを感じた。実際に子どもたちと過ごす中で、「目で見て、耳で聞き、匂いを感じ、味を感じ、感触を確かめる」体験をすることは、大きな意味を持つと実感している。

✎ 学びの視点　「ちば造形教育広場」への参加

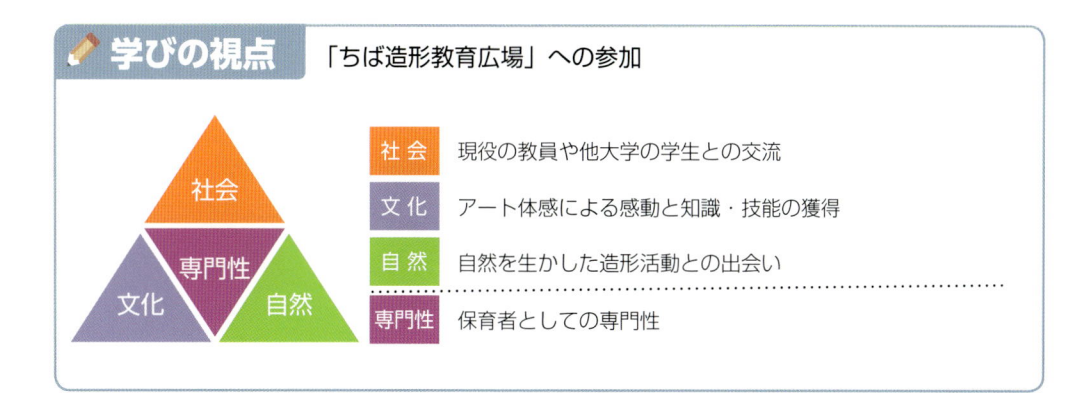

社会	現役の教員や他大学の学生との交流
文化	アート体感による感動と知識・技能の獲得
自然	自然を生かした造形活動との出会い
専門性	保育者としての専門性

ワークショップ Ⅲ

『もりのかくれんぼう』『おちばいちば』の世界を体感する

　ワークショップの絵本選びがはじまると、会場の魅力を生かすことができる秋の自然をテーマにした絵本にしたいという希望が出されました。『もりのかくれんぼう』と『おちばいちば』が候補になりましたが、どちらも魅力的な世界が描かれていて決められません。そこで、今回初めて、前半と後半に分けて2つのお話が体感できるワークショップを企画することになりました。

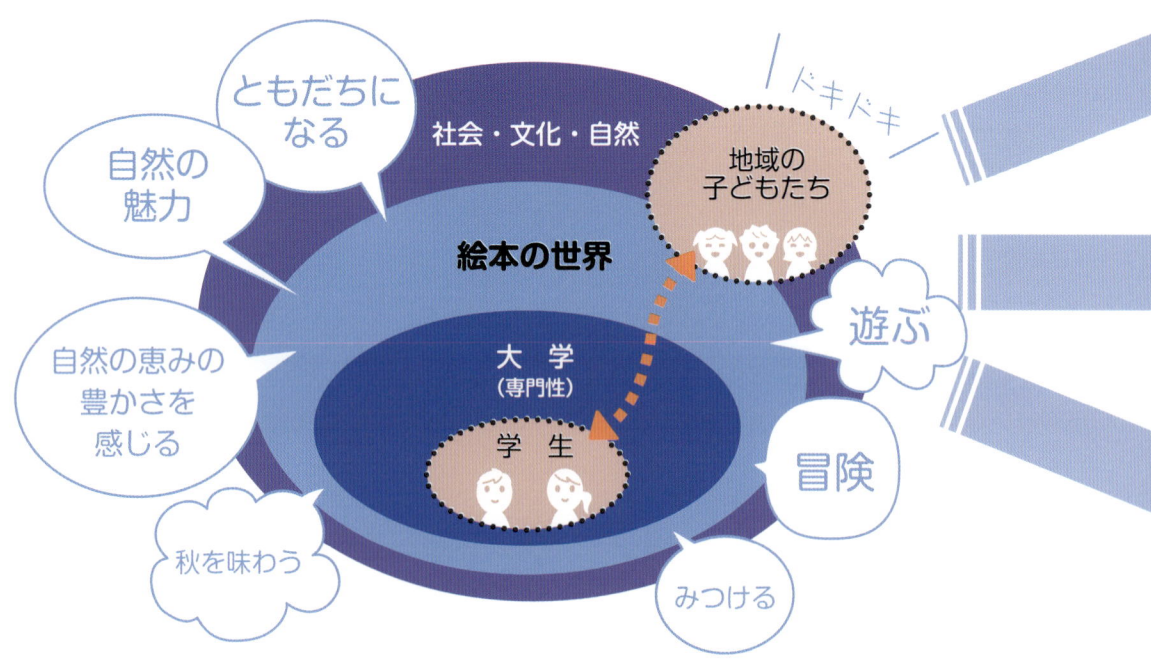

- ともだちになる
- 自然の魅力
- 社会・文化・自然
- ドキドキ
- 地域の子どもたち
- 絵本の世界
- 遊ぶ
- 自然の恵みの豊かさを感じる
- 大学（専門性）
- 学生
- 冒険
- 秋を味わう
- みつける

▶『もりのかくれんぼう』『おちばいちば』の世界の魅力を体感するためには!?

もりのかくれんぼう
作 者　末吉 暁子
絵　　林 明子
出版社　偕成社

このお話は、ケイコが公園で遊んだ帰り道、おにいちゃんと家まで競争している場面からはじまります。ケイコがおにいちゃんの後を追いながら、生け垣の下をくぐり抜けるとそこは大きな森の入口でした。ケイコがおにいちゃんを探していると、もりのかくれんぼうに出会います。ケイコは、もりのかくれんぼうや森の動物たちといっしょにかくれんぼうをして遊び、楽しみはじめます。

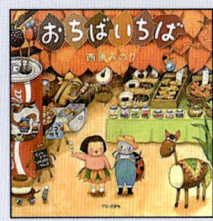

おちばいちば
作 者　西原 みのり
出版社　ブロンズ新社

このお話は、さっちゃんが縁側でどんぐりでつくったお馬さんで遊んでいると、急に強い風が吹いて目を閉じるところからはじまります。目を開けると、不思議なことにさっちゃんはお馬さんに乗って、おちばいちばへ連れてこられていました。たくさんのお店が立ち並び、おちばの傘や靴、指輪などが売っています。さっちゃんはお買い物をしながら、いろんなものに出会っていきます。

■ それぞれの専門性の特色を生かした活動の企画と準備

言葉
- 『もりのかくれんぼう』の世界を体感する工夫
  - ▶ 読みあう工夫
  - ▶ 主人公のドキドキ感があじわえる誘導
- 秋の自然の魅力をいっしょに楽しめる絵本『おちばいちば』の世界の紹介
  - ▶ 子どもをごっこ遊びの世界に誘い、いっしょに楽しむ

造形
- 森の動物を探す場面をつくりだす
  - ▶ 動物探しを楽しみにするカードを用意する
  - ▶ 段ボールで動物を制作し、森に設置する
  - ▶ 自然のめぐみから生まれるいろいろなお店やさんをひらく
    - ・服 → ブティック
    - ・どんぐりおもちゃ → どんぐり工房
    - ・ざっかやさん → 松ぼっくりツリー
    - ・さかなやさん → さかなつり
    - ・ギター → 楽器やさん

自然
- 自然アート
  - ▶ にがおえやさん
  - ▶ フォトフレーム
  - ▶ みんなで秋を味わう
  - ▶ やきいもを焼いて食べる

| 事前活動 | アート活動・自然体験活動

2か月前

　夏合宿では、豊かな自然の中で、すべてを元通りにすることを条件としたアート活動を行いました。自然の不思議に気づき、出会った素材と深くかかわり、自分のイメージを表現します。また、小学生対象のキャンプで葉っぱや木の実のクラフトを行い、子どもへの活動の提供方法について考えました。

> 合宿では、自然と対話し、美しさや不思議に気づく「センス・オブ・ワンダー」を豊かにする体験を行いました。

> 子どもたちにわかりやすく説明しよう

> 自然の神秘さを表現

> 夏期休業中に行った、小学生対象のキャンプで、自然物を使った、クラフトを行いました。

> 黄色い橋と不思議な足跡

> 葉っぱや枝を使って似顔絵をつくったよ

> 流木から船をイメージして…

> いろんな形の木の実や葉っぱを使えばオリジナルのフォトフレームができる

40　第1章　絵本の世界を体感するワークショップの実際

ワークショップⅢ 『もりのかくれんぼう』『おちばいちば』の世界を体感する

当日に向けて 1　造形活動の環境準備

1か月前〜

　まず『もりのかくれんぼう』の動物たちをどうするかを考えました。段ボールに描けば、見る向きによって隠すことができるということになりました。また、『おちばいちば』は、買い物をするだけでなく、つくって遊んで楽しく過ごす広場にしたいということになり、絵本の要素を取り入れながら、教材を開発していきました。

「松ぼっくりツリー」は、土台からつくると乾くまで時間がかかるので、色付けと装飾の部分で表現を楽しめるように準備しました。

どんぐり工房でつくる教材を検討中。水に浮かぶ舟を教材化しました。

段ボールをギター型に切り抜いておき、組み立てて弦をはるところを援助し、自由にデザインしてもらうことにしました。

バッグのデザインにステンシルを使うか検討しましたが、幼児には描く方が楽しめると判断しました。

教材の他には、段ボールの動物たち、のぼり旗、看板などを準備しました。

教材選択・開発　素材・用具準備　援助の検討

41

| 当日に向けて 2 | **自然体験活動の環境準備**

3 週間前

　お話に出てくる内容を、体を動かし五感で感じられるような「モンタージュ」「フォトフレーム」「やきいも」といった活動に決め、行程の確認や準備を行いました。

- **モンタージュ**
  自然物を使った似顔絵づくり
- **フォトフレーム**
  段ボールのフォトフレームに、自然物を貼りつけて装飾
- **やきいも**
  落ち葉を使って焼き芋をつくる

子どもたちに合わせた、活動の手順や説明を確認し、いよいよ本番へ！

受付場所への誘導は私たちに任せて！

落ち葉を集めて、やきいもの準備もばっちり

42　第1章　絵本の世界を体感するワークショップの実際

ワークショップⅢ 『もりのかくれんぼう』『おちばいちば』の世界を体感する

当日に向けて3　チラシ作成・チラシ配布・申し込み受付

2週間前〜

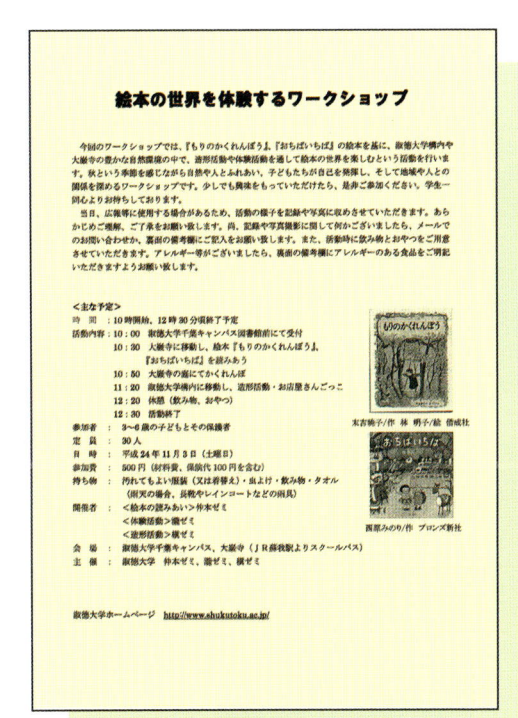

ワークショップのチラシは、学生がデザインしました。

絵本の表紙やカットの使用については出版社に申請し、使用させて頂きました。

出版社への許可申請なども学生が行い、試行錯誤を重ね、チラシが完成しました。

大学周辺の保育園・幼稚園へチラシを持参して、ワークショップの開催を告知しました。

申し込み窓口は、大学内のサービスラーニングセンターに依頼しました。

参加者からの問い合わせには、窓口で要件を伺った後、学生が応対しました。

問い合わせマニュアルの作成

前回の反省から「参加費の内訳」や「活動の概要」「駐車場の有無」などの、チラシには掲載しきれなかった情報について、対応マニュアルを作成し、受付時に対応できるようにしました。

> 当日の流れ

絵本の読みあい〜『もりのかくれんぼう』の世界へ

① 10:00〜

　子どもたちは、受付で「どうぶつさがしカード」を受け取り、色塗りをして待ちました。絵本を読みあい、いよいよ『もりのかくれんぼう』の世界に出発します。

> 受付で「どうぶつさがしカード」を受け取ってね！

> ドキドキ

> かくれんぼうの森に行ってみよう！

> 動物たちの声だけがするよ…

44　第1章　絵本の世界を体感するワークショップの実際

ワークショップ Ⅲ 『もりのかくれんぼう』『おちばいちば』の世界を体感する

かくれんぼうとの出会い

② 10:30

かくれんぼう、見〜つけた！

動物たちも探してね！

見つかるかな？

45

当日の流れ

動物探し〜かくれんぼうとの別れ

○ ○ **③**
11:00

最後まで見つからなかったフクロウ

全部の動物見つかったかな？

かくれんぼうさん、さようなら！

46　第1章　絵本の世界を体感するワークショップの実際

『おちばいちば』の読みあい〜おちばいちばへ

4 11:30

　森を出ると、そこはもう一つの絵本の世界の入口です。『おちばいちば』の絵本を読みあい、秋の自然がいっぱいの市場に移動して、さまざまなお店に立ち寄り、表現活動を楽しみます。

> ようこそ！

> いちばには
> いろんな
> お店があるよ

当日の流れ
自由に遊ぼう／自然のめぐみでいろいろつくって遊ぼう

⑤ 12:00

松ぼっくりツリー

さかなやさん〜釣りぼり

楽器やさん

どんぐり工房

48　第1章　絵本の世界を体感するワークショップの実際

ワークショップⅢ 『もりのかくれんぼう』『おちばいちば』の世界を体感する

「いちば」には、絵本で見たお店や少し違ったコーナーがあり、やってみたいと思うことを選んで、じっくり取り組むことができます。秋の自然のめぐみを生かした作品や楽しい遊びがたくさん生まれました。

フォトフレーム

ここに木の実♪

ボンドをつけてはるよ

ブティック

服やバッグをつくっておしゃれを楽しむお店です

49

当日の流れ
みんなでやきいもを食べよう

⑥ 〜 12:30

おいしい〜
やきいも
できたよ！

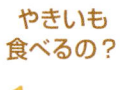

あったかくて
おいしい〜♪

やきいも
食べるの？

はい、
やきいも
どうぞ

第1章　絵本の世界を体感するワークショップの実際

ワークショップⅢ 『もりのかくれんぼう』『おちばいちば』の世界を体感する

ワークショップⅢ ふりかえり

▶ 学生のふりかえり

● 磯部 唯（2012年度卒業生　幼稚園教諭）

　ワークショップでは、子どもたちだけではなく、私たち学生もさまざまな経験をすることができました。準備は、自然環境を生かし物語を再現できるような絵本選びからはじまりました。大人数で行うため、さまざまな意見を交わし、自分では思い付かないようなアイディアに驚かされ、当日は子どもの豊かな表現に驚かされました。ワークショップでの経験、準備段階での教材研究、多くのアイディアや意見が、今幼稚園教諭をする上でとても役に立っています。学生時代に仲間たちとこのような濃い経験ができ、本当に勉強になったと思います。

● 金塚 はるな（2012年度卒業生　児童館保育士）

　絵本選びからはじまり、作者への交渉や、宣伝の仕方など、初めて考えることばかりで戸惑い、各ゼミのリーダー同士で悩むこともありました。その中で、お互いの情報交換や話しあい、協力しあうことがなければ、何事も成し遂げることはできないのだということも実感しました。数多くの困難もありましたが、当日参加してくださった子どもたちや保護者の皆さんの笑顔から、本番の充実感や感動を得ることができました。ワークショップを企画・実行できたことは、学生同士が学びあう貴重な経験であると感じています。

● 長妻 保那実（2012年度卒業生　子育て支援センター保育士）

　絵本の世界をワークショップという形にすることで子どもたちの想像の世界がどのようにひろがっていくのかということが想像つきませんでしたが、実際に参加した子どもたちは五感を通し、身体全体で絵本の世界を感じていました。参加者一人ひとりのイメージ世界が共有され、絵本の世界はより膨らんでいくのだということを実感しました。この子どもたちの豊かな想像の世界に理解を深めるだけでなく、学生の私たちもワークショップの企画から実行、反省会に至るまで貴重な体験と互いの学びあいができたように思います。

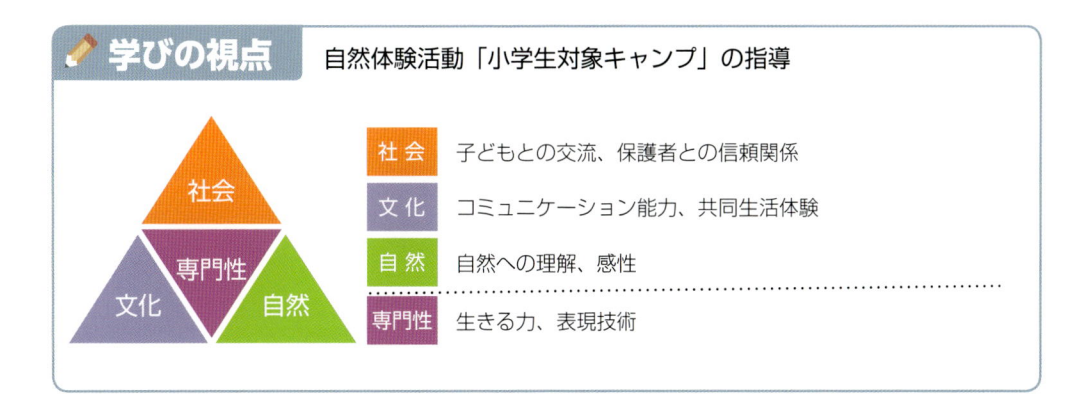

✎ 学びの視点 　自然体験活動「小学生対象キャンプ」の指導

社会	子どもとの交流、保護者との信頼関係
文化	コミュニケーション能力、共同生活体験
自然	自然への理解、感性
専門性	生きる力、表現技術

ワークショップ IV

デジタル絵本をつくり、地域の子どもたちと楽しもう

　デジタル社会が人間関係を複雑にしていると懸念されている中で、その技術をいかに有効に活用し、人が交流できる可能性がないのかを考えはじめました。これが、デジタル絵本づくりのきっかけです。デジタル絵本は個人の思いや考えを表現することだけでなく、表現されたことを互いに共有することや新たな気持ちや行動を生み出す機会となりました。また、大学祭、特別支援学級、保育園、劇団などさまざまな現場で人をつなげるツールとなりました。

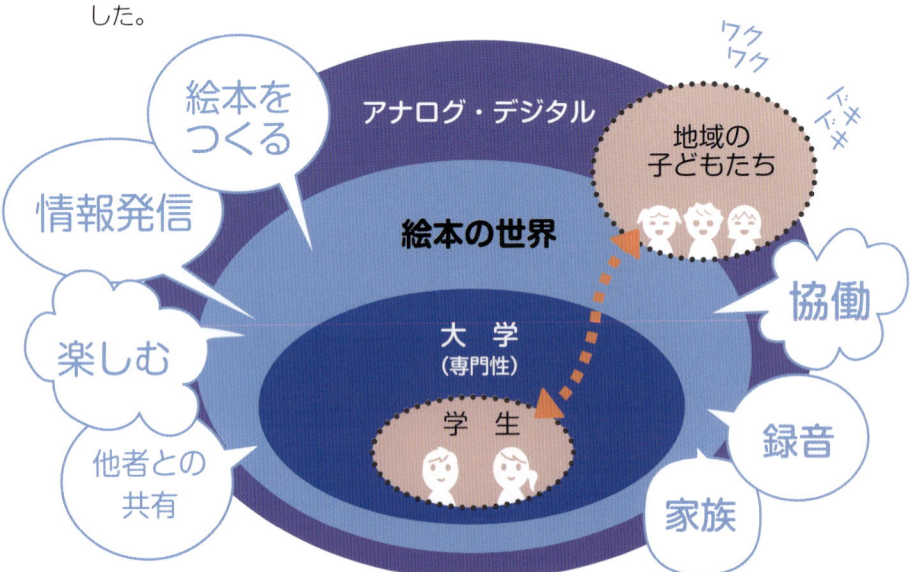

図中テキスト：絵本をつくる／情報発信／楽しむ／他者との共有／アナログ・デジタル／絵本の世界／大学（専門性）／学生／地域の子どもたち／ワクワク／ドキドキ／協働／録音／家族

▶ デジタル絵本をつくり、楽しむためには？

タブレット端末やスマートフォンをタップすることで絵本のページをめくり、子どもと大人が読みあうことができるもの、または大きなスクリーンなどを通して集団で読みあうことができるものをデジタル絵本と呼びます。ここでは、学生が制作した絵本（PDF形式で保存）をCSE（株）のソフト「YOUSEE」を使いデジタル絵本へと仕上げました。
　学生が制作した絵本が17作品、特別支援学級の生徒さんが制作した絵本が15作品となります。音声のない絵本、子どもの声が入った絵本、劇団員の声が入った絵本、それぞれに絵本の楽しみ方も変わります。

YOUSEE® Digital Asset Management
CSE株式会社
http://www.csekk.com/
〒164-0003 東京都中野区東中野2-26-7 スペースクリオ　TEL.03-5330-3117

それぞれの専門性の特色をいかした活動のねらい・企画・準備

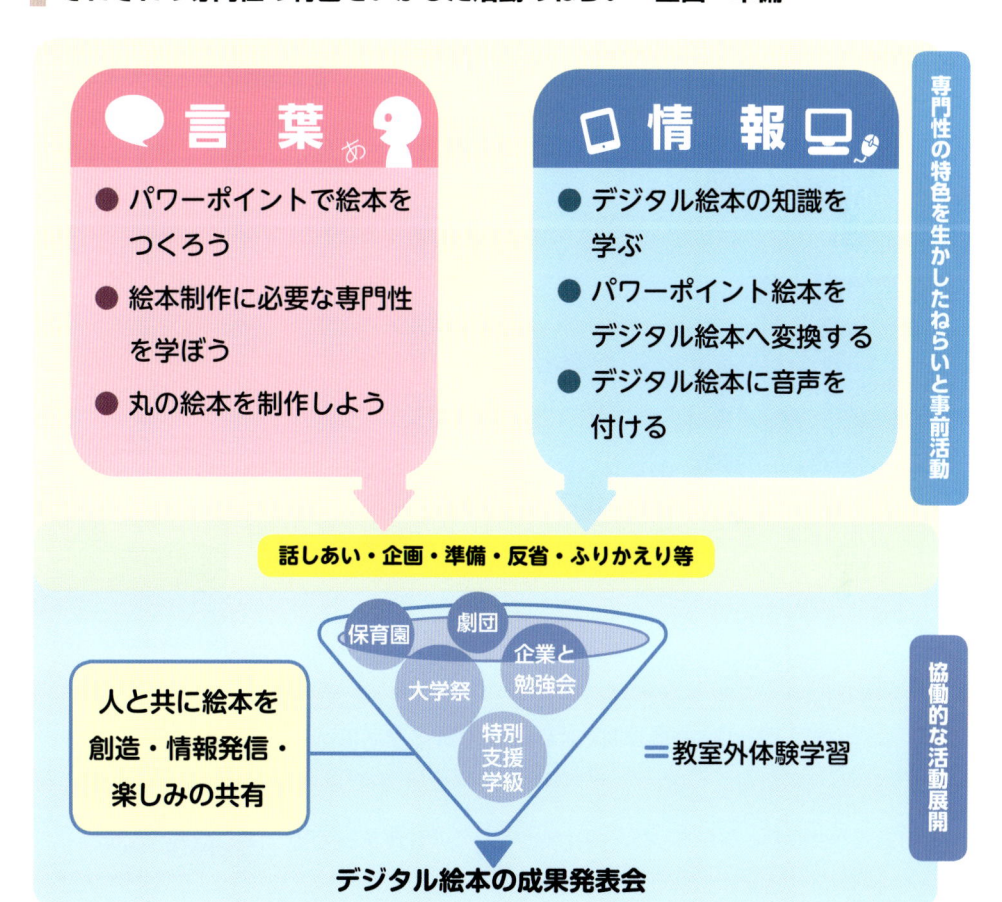

専門性の特色を生かしたねらいと事前活動

【言葉】
- パワーポイントで絵本をつくろう
- 絵本制作に必要な専門性を学ぼう
- 丸の絵本を制作しよう

【情報】
- デジタル絵本の知識を学ぶ
- パワーポイント絵本をデジタル絵本へ変換する
- デジタル絵本に音声を付ける

話しあい・企画・準備・反省・ふりかえり等

協働的な活動展開

保育園／劇団／企業と勉強会／大学祭／特別支援学級　＝教室外体験学習

人と共に絵本を創造・情報発信・楽しみの共有

デジタル絵本の成果発表会

> 活動 1　企業との合同ワークショップ（パワーポイントで絵本をつくる）

8か月前〜

事前活動（ゼミにおけるデジタルや絵本を融合させた取り組み）

パワーポイントを使って絵本づくり
はじめてパワーポイントで絵本を制作しました。絵本づくりの構想は意外と難しく、お互いにアドバイスしあいながら、完成しました。

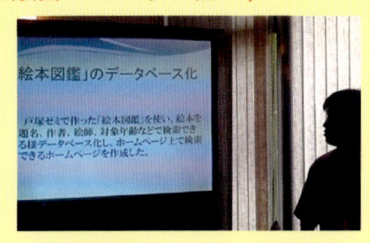

絵本図鑑のデータベース（DB）化
年齢、行事、季節、食べ物、動物などの絵本に関する情報を持たせることで、楽しく絵本を探せるDBを構築しました。

企業と合同ワークショップ

学生は、各ゼミ活動の成果を発表。さらに、合同ワークショップに賛同した企業CSE（株）が自社で開発したソフトYOUSEEや、韓国のデジタル教科書の現状に関する説明をして下さり、国内外のデジタル開発について学びました。学生同士、企業の方がお互いに刺激を受けながら、デジタル開発の可能性について話しあいました。

デジタル絵本とデジタル教科書の学びと発展した課題

CSE（株）の岡社長からの提案により、YOUSEEを活用した黒と白の丸の絵本づくりに取り組むことになりました。子どもという読者に対してどのようなメッセージを込めて、つくりあげるのかが課題となりました。岡社長と両ゼミの教員から何度もアドバイスをもらい、完成しました。

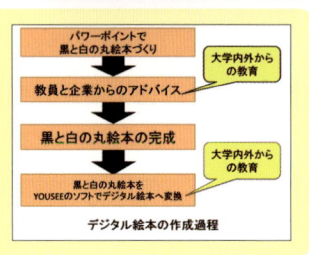

デジタル絵本の作成過程：
パワーポイントで黒と白の丸絵本づくり → 教員と企業からのアドバイス（大学内外からの教育） → 黒と白の丸絵本の完成 → 黒と白の丸絵本をYOUSEEのソフトでデジタル絵本へ変換（大学内外からの教育）

54　第1章　絵本の世界を体感するワークショップの実際

ワークショップⅣ　デジタル絵本をつくり、地域の子どもたちと楽しもう

活動 2　「デジタル絵本を楽しもう」の企画・準備

6か月前

　パワーポイントで制作した"黒と白の丸をテーマにした絵本（丸の絵本）"をCSE（株）のソフトYOUSEEを使いデジタル絵本に仕上げていく過程で"大学祭でデジタル絵本を楽しむ会"の企画が発案され決定しました。子どもの声が入ったデジタル絵本に仕上げる準備が開始されました。

丸の絵本ができあがるまで

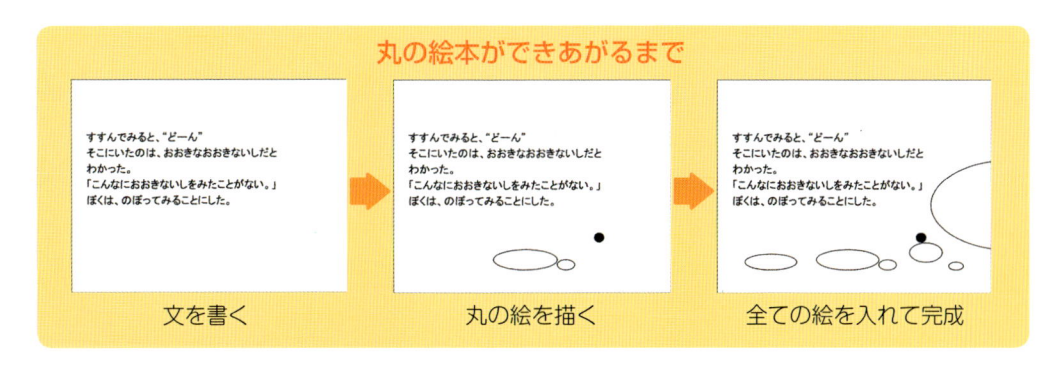

文を書く　→　丸の絵を描く　→　全ての絵を入れて完成

大学祭用のチラシを作成

"デジタル絵本を楽しむ会"の目的と思いを書き、大学近辺の保育園・幼稚園・小学校に配布しました。参加希望者は氏名・お子さんの年齢・人数などをメール送信してもらうことで決定しました。

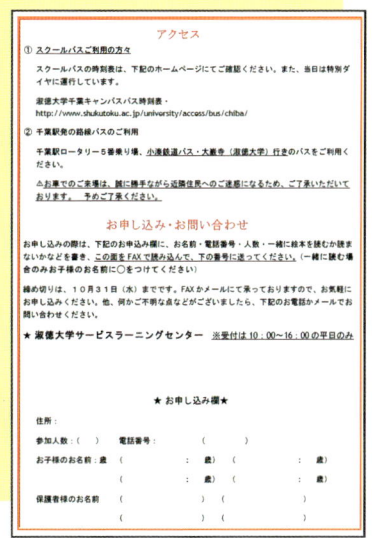

| 活動 3 | デジタル絵本を地域の子どもたちと楽しむ |

5か月前

　協働でつくりあげたデジタル絵本を子どもたちと共に楽しむために、大学祭でデジタル絵本を楽しむワークショップを開催しました。「自分たちの絵本を楽しんでもらえるだろうか」という期待と不安がありましたが、子どもたちは声を出して読みあげてくれました。

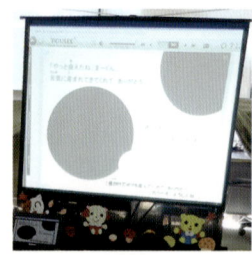

大きなスクリーンで絵本を楽しみました。

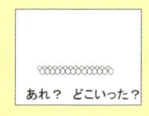

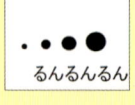

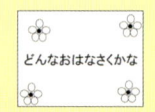

たね	まる	ころころ…	すなのうえでひとやすみ	あれ？ どこいった？	たいようぽかぽか
あめのしゃわー	ぽこっ	あ！ はっぱがでてきた	あったかいたいよう	きもちいいあめ	ぐんぐんぐんぐん
にょきにょきにょきにょき	ぱ！おはながさいた	むしさんもきた	おともだちできた	たのしいなー！	ぽと。
たね	ころころ…	るんるんるん	つぎはどこかな	どんなおはなさくかな	おしまい

作品『たね』

絵本の軽やかなフレーズと愛らしい画面によって、会場みんなで楽しみました。読み手と聞き手の会話がはずみ、会場が笑顔であふれ返りました。

ワークショップ Ⅳ　デジタル絵本をつくり、地域の子どもたちと楽しもう

活動 4　劇団や保育園でデジタル絵本に言葉をいれる

4か月前〜

劇団「月の砂漠」や保育園との協働活動

　劇団員の皆さんや子どもたちに『丸の絵本』を読んでもらい、声を録音してデジタル絵本が完成しました。子どもたちに絵本を読む説明をする時には、わかりやすいように工夫しました。劇団員さんには、声を通してより豊かに丸の絵本の世界を表現してもらいました。

劇団員さんの声は、感情がこもっていて素敵！

わかりやすく説明しよう…

子どもと読みあうと楽しい！

57

活動 5　　特別支援学級の子どもたちとデジタル絵本をつくる

3か月前〜

千葉市立松ケ丘中学校の特別支援学級でデジタル絵本の活動を開始しました。自由に物語を考え、文章にし、絵をつけ色鉛筆で塗って完成です。それをスキャナで読み取りデジタル絵本へと仕上げました。自分の声が入ったデジタル絵本はドキドキするものとなりました。

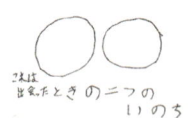

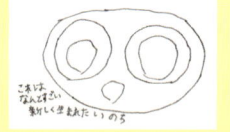

『無限のいのち』

大学生のつくったデジタル絵本を読んだことをきっかけに、特別支援学級の子どもたちから「私も絵本をつくりたい！」という声があがりました。『無限のいのち』はその一つの作品です。「いのち」について改めて考えさせられ、読み終わったあとに、さまざまな感情があふれ出すものとなりました。特別支援学級の子どもの心に秘められた思いが表現されたことにより、読者である親や教師、大学生などの大人にとっては、作者である子どもの新たな一面を見つけ出すきっかけとなりました。

58　第1章　絵本の世界を体感するワークショップの実際

ワークショップⅣ　デジタル絵本をつくり、地域の子どもたちと楽しもう

発表会に向けて　プログラム等の作成・会場準備・リハーサル・情報共有

2か月前〜

　保育園、劇団、特別支援学級においてデジタル絵本を通し、どのような活動を行ってきたか、そこから何を学んだか。デジタル絵本の成果発表会へ向けた準備開始です。

まずは、
皆で打ち合わせ。
当日までに
何が必要だろう？

プレゼンテーションの
ための
パワーポイント

絵本の製本

チラシやプログラム、招待状を作成する班と音声編集班、絵本制作班などの役割を決定し分担決め。

会場の
確保・設営

　役割分担をしてグループごとに。発表に向けて事前準備をしました。左記の当日プログラムの作成では、これまでに取り組んできた活動をふりかえり、互いに話しあう機会を得ることができました。

絵本を冊子にして、
読んでもらおう！

会場の
機器チェック

59

発表会当日 デジタル絵本成果発表会

9:00　10:00　　　　12:30　13:00　14:00

9時	集合
	リハーサル・受付準備
	来賓、お客様のご案内
10時	開会の言葉
	丸の絵本制作までの発表
	保育園での取組みを発表
	劇団での取組みを発表
	特別支援学級での取組みを発表
12時	来賓挨拶
12時30分	閉会の言葉
13時	昼食会
14時	後片付け

保育園での活動を報告

特別支援学級での活動を報告

企業、来賓の皆様

成果発表会では、特別支援学級の子どもたちと保護者、千葉市立松ケ丘中学校校長先生、劇団「月の砂漠」の皆様、協力企業CSE(株)の皆様からご意見や感想をいただくことができました。

ワークショップ Ⅳ　デジタル絵本をつくり、地域の子どもたちと楽しもう

ワークショップ Ⅳ ふりかえり

▶ **学生のふりかえり**

●**細越 貴裕**（社会福祉学科 4 年）

　この企画を初めて見た瞬間、教育の目指すべきものとリンクして見え心踊ったことを覚えています。そしてすぐにボランティア先の特別支援学級での活用を思い立ちました。自分自身でつくった作品がデジタル化され皆の心を癒すことができるという体験はとても良い体験になると考えました。生徒一人ひとりの世界観は 5 枚という小さな世界に詰め込まれ、作者の声によって命を宿します。一つひとつ心を込めて描かれた作品は、時に笑いを、時に涙を誘う素晴らしいものとなりました。最近では、生徒自らこの体験を活用した自発的な活動へと発展しています。この活動が生徒の自信や好奇心に作用し、自発的な活動のきっかけになった事は紛れもない事実であり、そのようなことに携われたことに心から感謝しています。

●**横田 絵梨奈**（社会福祉学科 4 年）

　千葉市立松ケ丘中学校の特別支援学級にて絵本作成を行いました。ほぼ全員が絵本を完成した段階で、小さな発表会を行いました。クラスメイトが作成した絵本を高い関心を持って読み、良い「刺激」をたくさん感じていたように思います。その際に「おもしろい」「楽しい」といったポジティブな言葉を投げかけており、絵本をつくった本人も評価をさせることで関心が更に高まったのではないでしょうか。特別支援学級の皆さん、ありがとうございました。

●**吉江 一樹**（実践心理学科 4 年）

　絵本をつくることは難しいことでしたが、たった一つの作品をつくりあげるというよい経験になりました。完成するまでの間には、子どもの対象年齢を考えたり、どのようなメッセージを含めた絵本にするかを考えたり、絵本の作成過程において必要なことを多く学びました。また、完成した絵本を子どもたちと共に楽しんだ時には、人々を魅了する絵本の力に気づくことができました。また、実際に絵本を子どもと一緒に読みあうことで、遊びのきっかけづくりになったり、絵本を読みながら文字に対する興味や関心を深めたり、想像力や表現力を豊かにしたりなど子どもの成長・発達を支えることになると実感しました。

学びの視点　デジタル絵本をつくり、地域で発表しよう

社 会	ジェネリック・スキル　人との共生
文 化	絵本　言葉
情 報	さまざまなメディアの融合
専門性	大学での学び：保育者としての専門性

ワークショップ Ⅴ

『からすのおかしやさん』の世界を体感する

　今回の有力候補は『からすのパンやさん』の絵本の世界でした。もう一つ、おかしの家をつくりたいという理由で『ヘンゼルとグレーテル』も候補にあがっていました。そこで出会ったのがどちらの願いもかないそうな絵本『からすのおかしやさん』でした。

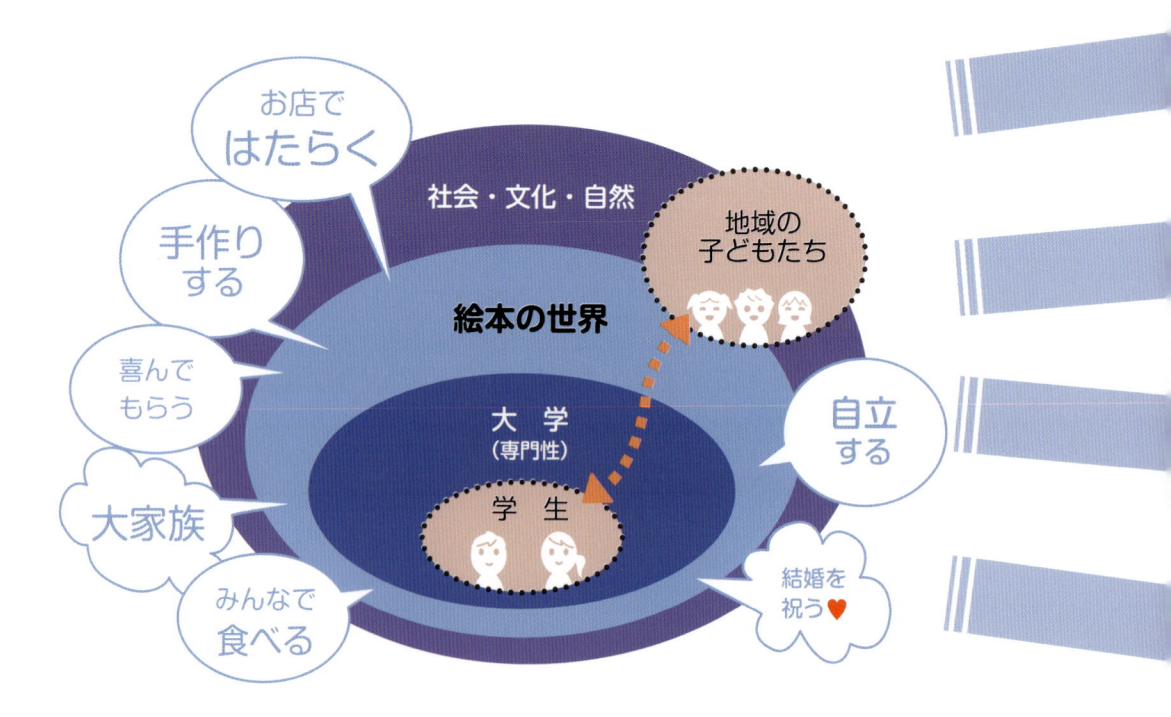

- お店ではたらく
- 手作りする
- 喜んでもらう
- 大家族
- みんなで食べる
- 自立する
- 結婚を祝う♥

社会・文化・自然
絵本の世界
大学（専門性）
学生
地域の子どもたち

▶ 『からすのおかしやさん』の世界の魅力を体感するためには⁉

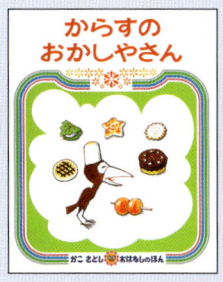

からすのおかしやさん
作者 かこ さとし
出版社 偕成社

このお話は、からすの森のパンやさんの四兄弟が両親の留守の間、お店を任されることになるところからはじまります。長男のチョコくんは、パンをつくっている最中にビスケットをつくりますが、何だかおいしくできません。そこで、ミミちゃんがおかしづくりの先生になります。そこでつくったおかしやケーキが森の大評判になり、パンやさんの隣におかしやさんを開店することになりました。おかしやさんを任されるようになったチョコくんとミミちゃんはめでたく結婚することになり、披露宴ではからすの森のみんなでお祝いしています。

▌それぞれの専門性の特色をいかした活動のねらい・企画・準備

言葉
- 「からすのパンやさん」の世界の魅力に触れる
  - ▶ 続きのおはなしが40年ぶりに4冊登場したことを知り、『からすのおかしやさん』に出会う
  - ▶ お店をまかされる子どもの自立の物語を体感してほしい

造形
- からすになりきっていろいろな体験をする
  - ▶ からすになりきる帽子をつくる
- 「パン」「おかし」「お店」づくりを体験する
  - ▶ パン：ほんとうの材料でパンをつくる
  - ▶ おかし：多様な材料でいろいろなおかしをつくる
  - ▶ お店：わくわくするようなお店をつくる

自然
- なりきってごっこ遊びを楽しむ
  - ▶ 森のおかしやさんごっこと結婚式ごっこを楽しむ
  - ▶ 野外活動で使うテントを飾る

情報
- やきたてパンを味わう
  - ▶ つくったパンを野外で焼いてみんなで食べる
- ワークショップを事前活動から記録する
  - ▶ 編集して発表する

| 事前活動 1 | 模擬指導体験・劇活動 |

2か月前

　ごっこ遊びは、幼児にとって大切な学びの機会でもあります。また、劇遊びも重要な活動です。その援助ができる専門性が求められることから、ゼミ活動においてさまざまな体験をします。こうした取り組みがワークショップに生かされます。

　今年の「ちば造形教育広場」では、段ボールをテーマにしたワークショップを行い、「段ボール・レストラン」では食にかかわる教材を開発しました。

　オープンキャンパスでは、ごっこ遊びの援助の模擬指導を行い、本物のようなケーキづくりには、どんな材料や用具が必要かを学び、主体的に取り組むための環境構成を体験しました。

　毎年、保育園や幼稚園での劇の上演を目指す取り組みを行います。大道具や装置のほか、さまざまな被り物や衣装を工夫し、なりきるための手立てを考案し、専門性を高めます。

ワークショップ Ⅴ 『からすのおかしやさん』の世界を体感する

> 事前活動 2 　**絵本にかかわる活動**

2か月前〜

　ゼミメンバーの初顔あわせでは、自分の好きな絵本をメンバーと共に読みあいながら自己紹介をします。ゼミ合宿の時には、森の中で読みたい絵本を持参して、一人ずつ全員の前で読みあいます。さまざまな場面で絵本を親しむ活動を積み重ねることで絵本を通した人と人とのつながりを実感していきます。

　ゼミメンバーの顔あわせでは、好きな絵本を紹介する自己紹介を行います。お互いの絵本に対する思いを知ることで、互いの内面にふれあう機会になります。

　木々に囲まれた大自然の中での合宿では、森で読みたい絵本を選んで持参し、全員の前で読み、絵本の世界にひたります。読み手は、聞き手の心に届く読み方を工夫します。

65

当日に向けて1　チラシと活動計画案の作成

1か月前

　ワークショップ4年目を迎えたことによって、チラシ作成は3年生が担当することになりました。さらに、ワークショップ当日における詳細な活動計画案の作成は4年生が担当しました。

チラシの作成
　例年のチラシを参考に、3年生が作成しました。細かな部分は、4年生や担当教員に相談し、何度も修正しました。ワークショップの参加受付は、例年どおり学内のサービスラーニングセンターでした。申し込みをしていただいた保護者に対する確認電話連絡も全て3年生が担当しました。

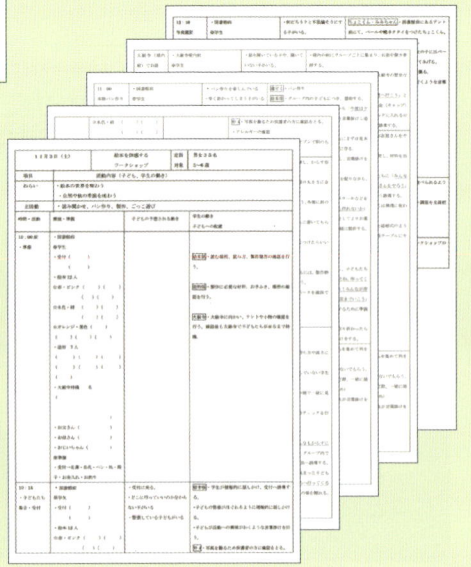

活動計画案
　ワークショップ当日の活動計画案は、過去3年間の課題でもあった学生同士が互いに連携が取れるようにするために作成しました。活動の流れだけでなく、準備から各活動の環境・整備、子どもの活動とその配慮事項に至るまで教員に相談しながら、計画しました。
※右記の資料における学生氏名部分は（　）にしています。

66　第1章　絵本の世界を体感するワークショップの実際

ワークショップⅤ 『からすのおかしやさん』の世界を体感する

当日に向けて 2　**自然体験活動の環境準備**

1か月前〜

　絵本の中で、おかしやパンがたくさん登場し、最後の場面をもりあげています。おかしやパンを実際につくって食べる活動を想定し、事前にレシピを確認すると共に、当日の子どもたちへの活動の提供方法について検討しました。

パンとマフィンをつくる工程を確認し、実際に試しました。

マフィンの生地は、市販のホットケーキミックスで。

パンは、ホームベーカリーを使って生地をこねて、みんなでのばして、型ぬきして目をつけます。

ダッチオーブンで焼きあげ！

マフィンは焦げすぎ

本番は気をつけよう

パンは火が弱かった

当日に向けて3　造形活動のための環境準備

3週間前〜

絵本が決まってから、当日の流れについての話しあいが行われ、決まったところから準備をはじめます。まず、子どもたちがからすになりきるための帽子づくりからはじめ、必要なものを考えながら、次々につくっていきました。

子どもたちがからすになりきることができる環境や教材を考えよう！

からすの帽子の準備

①牛乳パックを十字型に切る。

②3面で丸い形にして、1面は切って横にし、後ろにはゴムをつける。

③カラービニールで包む。色画用紙でくちばしをつくって貼る。目は子どもが貼れるように準備しておく。

身につけるものを用意しよう

自分らしさを発揮する場面をつくりたいね

子どもの表現を大切にする

①からすの色を選べるようにする
②目は自分でつける
③バッグを自由にデザインする
④おかしづくりはコーナーに設定し選択できるようにする

1枚の紙からつくれるバッグ

誰もが楽しめるおかしづくりにしたいな

おかしの試作
↓
教材化
↓
材料準備
↓
コーナー別に設定

季節感や興味関心に応じたおかし作りの援助計画

おかし	主素材	発展・楽しみ
ケーキ	スポンジ	クリーム粘土をつける
ロールケーキ	段ボール	本物みたい
キャンディ	モール	色の組み合わせ
和菓子	綿・お花紙	感触
クッキー	段ボール	落ち葉の色合い
せんべい	段ボール	飛ばして遊ぶ
アイス	松ぼっくり	けん玉遊びに発展

68　第1章　絵本の世界を体感するワークショップの実際

ワークショップ V 『からすのおかしやさん』の世界を体感する

当日に向けて 4　造形活動による環境準備

2 週間前〜

　子どもたちがお話にそってその世界の体感をしていくためには、お話の中のからすたちが登場する必要があると考え、被り物と衣装づくりをしました。いずみがもりのおかしやさんに行く場面や結婚式のシーンを思い出深いものにしようとするアイディアが次々生まれました。

ミミちゃん！

チョコちゃん！

おじいさん！

子どもたちの心に残るような場面をつくっていこう！

絵本の世界に近いイメージで被り物や衣装をつくろう

ベールをつくることになったので、帽子に後からつけられるような形状にし、帽子には切り込みを入れておきました。

おかしやさんが開店した喜びや結婚式の楽しさを体感できる装飾を工夫しよう

エアーで突然立ち上がった家をみんなでおかしやさんにするという企画を立てて試作しましたが、うまくいかず、テントを利用することにしました。

最後に、必要な造形物をリストアップしてチェックをしました。垂れ幕などの表示やテントの装飾もつくりました。

からすのおかしやさん　ワークショップ

69

> 当日の流れ

受付・絵本の読みあい

① 10:00〜

　保護者と共に受付を済ませると、子どもたちはからすの森の仲間入りをしました。絵本を読みあう時には、からすの仲間となって絵本の世界に入り込んでいきます。お父さんからすとお母さんからすにパンやさんを任されてパンづくりがはじまります。

受付

からすの目を
つくります

素敵なからす
になったよ！

みんなで
読みあい

さぁ、みんなで
パンづくり！

パンづくり

10:40

　子ども一人ひとりがつくったパンを預かり、ダッチオーブンに入れて焼いていきます。世界でたった一つのそれぞれのパンの焼き具合を確かめて、慎重に焼いていきます。

子どもたちが
おかしづくりをしている間に
マフィンを仕込みます

おいしく
できあがり

ダッチ
オーブンに
きれいに
ならべて

手を洗った人から
パンの生地を
配るよ

気に入った型を使って、
世界に一つだけの
パンをつくります

見てみて！

> 当日の流れ

おかしづくり

○ ○ **③**
11:00

和菓子も
ほしいのう

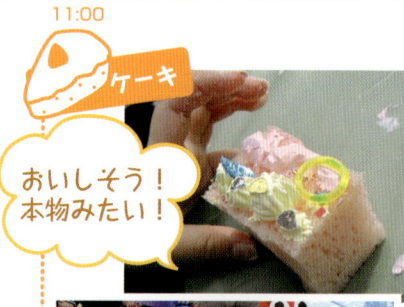

ケーキ

おいしそう！
本物みたい！

からすのケーキ職人は
真剣そのもの。
どうしたらおいしそうに
なるか工夫します。
クリーム粘土は人気でした

おじいさんの登場によって、
子どもたちははりきって
おかしづくりのコーナーに
移動しはじめます。
各コーナーでは
ミミちゃんのかわりの
からすたちが優しく
つくり方を教えてくれます

ロールケーキ

キャンディー

巻くのって
むずかしいけど
楽しいね！

72　第1章　絵本の世界を体感するワークショップの実際

ワークショップ Ⅴ 『からすのおかしやさん』の世界を体感する

　からすのおじいさんから和菓子もほしいといわれた子どもたちは、おかしがつくれる場所に移動して、行きたい所を選んでつくりはじめます。誰もが楽しくつくれるように考えたコーナーには、子どもたちの笑顔があふれています。

クッキー

葉っぱの色っておいしそうな色！

いろいろな形に切ってある段ボールに落ち葉をちぎって貼ると焼き立てクッキーのできあがり！

和菓子

和菓子は綿をお花紙に包んでつくるのでふんわり柔らかです

けんだまアイス

うまくはいるかな？

松ぼっくりに毛糸をつけてお花紙の色でアイスの味を決めます。カップとつなげば遊べるアイスのできあがり！

とばしせんべい

こうやるとよくとぶよ！

段ボールと落ち葉と黒い紙でおせんべいをつくろう！ちょっとくぼみをつくって輪ゴムをかければとばして遊べるよ！

73

当日の流れ
おかしやさんへ

④ 11:30

みんな、ただいま！
おいしそうな
おかしがたくさん
できたね。
つくったおかしを
持っていずみがもりに
行ってみないか？

ステキな
カメラね

あ、どうも

エアーで立ちあがる
門が用意されています

わくわく

どきどき…

ようこそ！

ここが
いずみがもり
だよ！

あれれ?!
入口の門が
出てきたよ！

74　第1章　絵本の世界を体感するワークショップの実際

ワークショップⅤ 『からすのおかしやさん』の世界を体感する

おかしやさんごっこ

○ ○ ○ ○ ❺
11:40

　いよいよいずみがもりにおかしやさんがオープンします。子どもたちはお客さんになって楽しみます。おかしやさんと交代して遊ぶ計画でしたが、時間の都合でお客さんになって遊びました。

ここではキャップがコインです

おかしやさん、楽しかった！

75

> 当日の流れ

結婚式会場に到着して、記念撮影

⑥ 12:10〜12:20

　おかしやさんの買い物から戻ってみると、そこはチョコ君とミミちゃんの結婚式会場となっていて、歓声があがりました。子どもたちも蝶ネクタイとウェディングベールで新郎・新婦となり、大喜び。集合写真を撮り、会場に入場しました。

結婚式会場に到着したよ！

ベールをつけて

蝶ネクタイをつけて

ようこそ結婚式へ！

みんなで記念撮影

結婚式会場に入場よ

76　第1章　絵本の世界を体感するワークショップの実際

ワークショップ V 『からすのおかしやさん』の世界を体感する

結婚式会場でお祝い

⑦ 〜 12:50

　結婚式会場では、子どもたちが皆でつくったパンやマフィンを食べました。口の中いっぱいに頬張って食べる子どもたちから「つくって食べるとおいしいね」「これ、私がつくったの」などという会話がひろがります。みんなでつくって食べる満足感を味わいました。

焼きたての
マフィンだよ

みんな席について、
いよいよ
パーティの
スタート！

自分のパンは
どれかな？

| 活動 1 | 顔あわせ、事前活動の取材をしながら、全体のイメージづくり |

2か月前〜　　　　　　　　　　　　　　　　　　　　　　　　　当日

　大きな軸となる①絵本の読みあい、②造形表現、③自然体験、そして④ワークショップ当日の流れ、この4グループに分かれてムービー制作に取り組むことを決定しました。

顔あわせの後は、さっそく取材開始。

当日までの準備過程と当日の様子を取材しますのでご協力お願いします。自己紹介と連絡先の交換。

何ができるのかな？？

カ・ラ・ス？！！！！

取材をする中で、準備の様子、そしてワークショップへの意気込みを伝えられるムービーに仕上げるにはどうしたらいいか…検討中。

78　　第1章　絵本の世界を体感するワークショップの実際

ワークショップⅤ　『からすのおかしやさん』の世界を体感する

| 活　動　2 | ムービーの制作、発表 |

数日後

　デジタルカメラ・ビデオカメラ・スマートフォンなどを使って撮影した静止画像や動画のチェック。ファイル形式の変換、動画や音楽の編集、スマートフォンのアプリを使っての画像編集など楽しみながら、それぞれのムービーを完成しました。

絵本を子どもたちと一緒に楽しんでいる様子を中心としたムービー。

クッキーやケーキなどを造形している様子を中心としたムービー。

動画も
しっかり撮影

音楽の選択も
重要

子どもたちがつくったパン生地を炭火で焼いている様子のムービー。

ワークショップで各自の役割を果たしながら、子どもたちと楽しんでいる様子のムービー。

ワークショップ Ⅴ ふりかえり

▶ 学生のふりかえり

●村杉 美紀 (社会福祉学科 3年)

　複数のゼミで「からすのおかしやさんのワークショップ」を企画し、記録という形で参加しました。それぞれの活動を準備段階から見守る中で、各担当の活動をどのように表現していったらよいのかなど、多くのことを考えながらムービー制作に取り組みました。学祭では子どもたちの笑顔をみてたくさんの元気をもらいました。他のゼミ生との会話から気づくことも多く、多面的に物事をみることの大切さを学ぶことができました。

●富田 海津帆 (社会福祉学科 4年)

　ワークショップでは、子どもの動きばかりを意識しすぎてしまい、保護者や周りの方々への配慮不足を感じましたが、ワークショップ後、「もっと遊びたかった」「楽しかった」という子どもたちの声を多く聞くことができたので良かったです。また、互いに意見を交換しながら仲間と協力しあい、一つの事を創りあげることの大切さも学ぶことができました。今回の活動での反省点や良かった点を、これからの保育現場に出た際に生かしていきたいと思います。

●渡邉 あゆみ (教育福祉学科 3年)

　パンやさんになりきって子どもたちとパンづくりをしました。あの時の緊張感は今でも忘れられません。周到に準備し、流れを予想し行動することの大切さを学びました。この達成感はとても良い思い出になりました。普段はかかわりのない学生や子どもとのかかわり全てが新鮮でした。小学生と幼児の発達段階の違いを痛感し、これからもさまざまな経験を重ね、将来の活動に生かしていきたいと思います。

●佐藤 大毅 (社会福祉学科 4年)

　ワークショップの計画をスタートした当初は、リーダーとしてたくさんの人数をまとめることや著作物の申請など本当に大変なことの連続で、実際成功させることなどできるのかとても不安でした。しかし、ワークショップを開催して全て終えてふりかえってみると、子どもたちに楽しんでもらいたいという目的に向かって活動を行い、たくさんの人たちが協力をして一つの物事を成し遂げるというのは、私たち学生にとってさまざまな力を身につけることになるんだと体験を通して学ぶことができました。

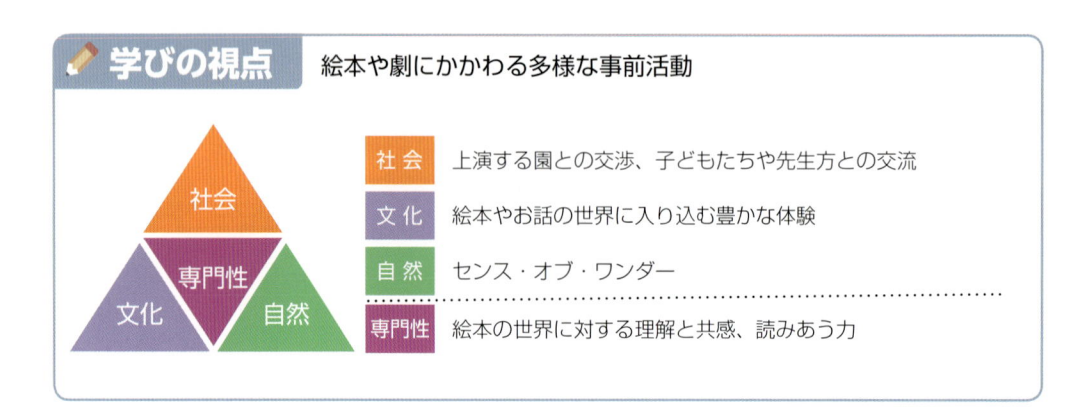

✎ 学びの視点　絵本や劇にかかわる多様な事前活動

社会	上演する園との交渉、子どもたちや先生方との交流
文化	絵本やお話の世界に入り込む豊かな体験
自然	センス・オブ・ワンダー
専門性	絵本の世界に対する理解と共感、読みあう力

第2章 絵本の世界を体感するワークショップの誕生と展開

　本章では、第1章で主に映像によって紹介したワークショップが、どのような視点から生まれたのか、なぜ実施されたのかについて整理します。そして、本実践が、現代的な課題、ワークショップによる学習の意義をふまえて行われたこと、なぜ絵本であったのかについて論じます。

　また、ワークショップがはじまってからの4年間でどのような展開やひろがりが見られたのかをふりかえり、その流れを概観します。4年間を、創成期、挑戦期、変革期、発展初期ととらえることによって、これまでの課題と今後の可能性が見えてきました。

1．目の前にいる学生たちに必要とされていた学び

写真左　学生たちの話しあい

写真右　ファシリテーターによる説明

（1）主体的な学習意欲を生み出す

　読者の皆さんは、上2枚の写真を見てどのような印象をお持ちになるでしょうか。この写真は、ワークショップ開催前の学生たちの様子です。左の写真では、学生たちがワークショップの活動計画のために話しあっています。右の写真では、ワークショップのファシリテーターである写真手前の学生が、ワークショップ当日の流れを仲間たちに説明しています。一方、その後ろにいる学生は仲間たちにきちんと理解してもらえているだろうかと、真剣な表情で状況確認しています。

　これら学生たちの姿に共通しているのは、一人ひとりが真剣に考え、身体が自然と前のめりになりながら自らの心と身体が主体となって活動しているところです。この学生たちの主体的な学習意欲を生み出すことが、本書で紹介したワークショップという場をつくり出そうとした最も重要な目的でした。

　それでは、なぜ、私たちは学生たちの主体的な学習意欲を生み出す必要があったのでしょうか。それは、十数年前より、私たちそれぞれが日々の大学教育の中で、目の前の学生たちの変化に気づきはじめたことがきっかけでし

1. 目の前にいる学生たちに必要とされていた学び

た。福祉や教育職を目指す学生なのに、「人との交流が苦手」「人前での発表ができない」「経験・体験不足」などの学生が増えてきたというのが、私たちの日常会話となってきたのです。そして、互いの意見交換を重ねながら、「一人ひとりの学生はそんなに力がない訳ではないのに…」と各自が教育内容や方法に試行錯誤を繰り返すばかりでした。そんな学生たちの考えや行動に変容を与える教育を構築しなければならない、これが私たちの必然の課題となってきたのです。この課題を解決していくためには、まず学生たちの主体的な学習意欲を生み出すことが必要とされていました。

（2）他者と共に生きる

どのような職業でも、自らの持つスキルが社会の中で生かされるものでなければ、必要とされているとはいいきれません。特に、人という対象者を目の前にして自らのスキルを発揮しなければならない福祉・教育職にとっては、対象者を知るだけでなくその人に内在する気持ちや行動を認識した上で理解を深めようとすることが必要です。そうしなければ対象者のニーズを的確に把握し、自らの持つスキルを選択して最も適した援助や教育をしていくことができないからです。私たちの大学では毎年ほぼ7～8割の学生がこの福祉・教育職を目指しています。このため、所定のカリキュラムを修得し資格を得るだけでなく、常に他者と向きあい、互いの気持ちや行動を共有しながら、共感する経験や理解しあう経験が必要不可欠であるといえます。

近年、人と人の関係性が希薄になっているといわれる社会状況の中で、私たちの大学の学生たちも例外とはいえず、コミュニケーション能力を含めた社会性の欠如という課題を抱えていました。他者と共に生きる学びの過程が必要とされていました。

（3）ジェネリック・スキルの習得

資格を養成している大学では、教養教育や専門基礎教育だけではなく、その資格に必要とされる専門職の知識・技術習得のための教育が図られています。しかし、近年の大学教育ではそれぞれの学部・学科の基礎および専門教養に関するカリキュラムを修得するのみでは教育が十分とはいえなくなりました。

文部科学省では、2007年の中央教育審議会で社会人としての基礎力の育成に関する検討内容が提出されました。それ以降、ジェネリック・スキルの育成が各大学の課題として挙げられました。

　ジェネリック・スキルとは、文部科学省中教審大学分科会の「学士課程教育の再構築に向けて」の審議経過報告によると、「多文化・異文化に関する知識の理解、人類の文化、社会と自然に関する知識の理解、コミュニケーション・スキル、数量的スキル、情報リテラシー、論理的思考力、問題解決力、自己管理力、チームワーク、リーダーシップ、倫理観、市民としての社会的責任、生涯学習力、総合的な学習経験、創造的思考力等」とされています。これは、社会人基礎力と呼ばれるスキルです。

　ジェネリック・スキルを育成するために、各大学ではさまざまな教育に取り組むことが求められてきました。これまでの主な教育活動としては、産学連携の中で、企業から与えられた課題を学生が解決することによって、社会人基礎力を育成し、その効果を測定し、さらには、その成長を企業などに示してきました。

　このような取り組みの流れにある中で、私たちの大学でも、このジェネリック・スキルを育成することは、必須の課題でありました。社会に向けた人材の育成を目指し、所定のカリキュラム以外の初年次教育や、キャリア支援教育などに取り組んできた経緯があります。しかし、それでもジェネリック・スキルを育成・向上させるためには何かが足りない。そのことに気づきはじめた私たちには、新たな学びのプログラム開発が必要とされていました。

（4）教員間に生まれた共通目標

　2009年頃より、言語表現、造形表現、自然体験を専門とする教員が集まり、学生たちの「主体的な学習意欲」「他者と共に生きる」「ジェネリック・スキル」の学びを育成するために、新たな学びのプログラムを開発しようという話しあいがはじまりました。そこで、下記の3つの共通目標が生まれました。

①さまざまな人やものや出来事との出会い、ふれあいの経験を積み重ねることのできる学びであること
②学生たちの学びを取り巻く要素として、「社会」「文化」「自然」「専門性」を含ませること

③学生たちが社会的に意義のある活動として発信する学びを構築すること

この共通目標を掲げて、2010年より絵本の世界を体感するワークショップを開催することになりました。そして、2011年頃より、学生たちが社会的意義のある活動として社会に向けて発信する学びを構築するためには、「情報」は欠くことのできない要素であるという認識が芽生えました。そこで情報科学を専門とする教員も加わり、発展的なワークショップを目指すことになりました（図2-1）。

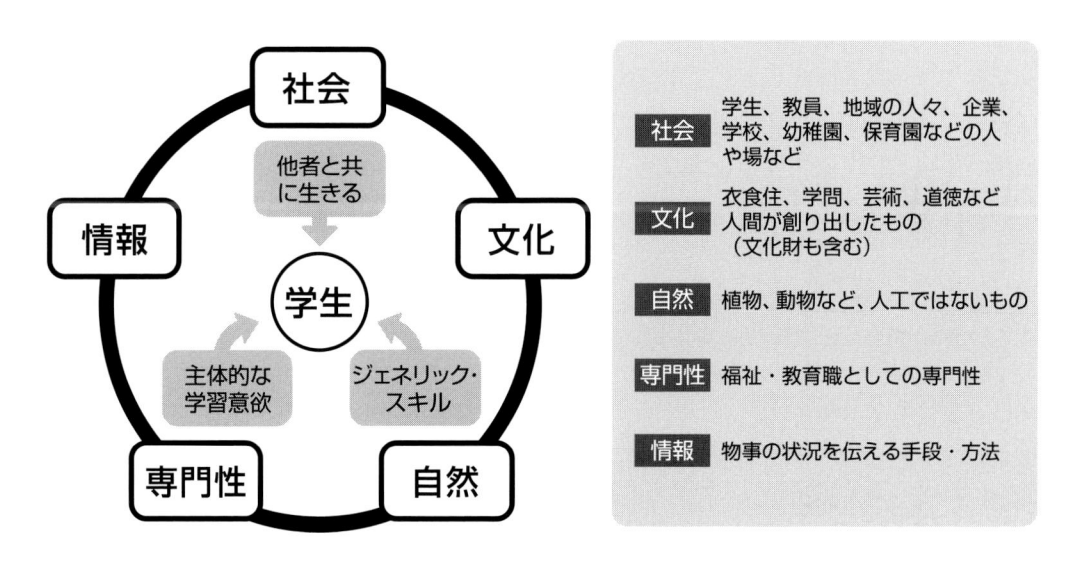

図2-1　学生たちの学びを取り巻く要素

2. なぜ、ワークショップであったのか

（1）ワークショップという創造の場

『ワークショップ ― 新しい学びと創造の場』を出版した中野（2001）は、ワークショップとは「講義など一方的な知識伝達のスタイルではなく、参加者が自ら参加・体験して共同で何かを学びあったり創り出したりする学びと創造のスタイル」と定義しています。さらに、同書の中では当時多くの現場で実践されていたワークショップが目指す領域を分類し、図2-2のように示しています。このことから、ワークショップは、私たちの共通目標であるさまざまなひとやもの、できごととの出会いやふれあいの場となることや、参加者として他者と共に生きる学びのスタイルであるといえます。

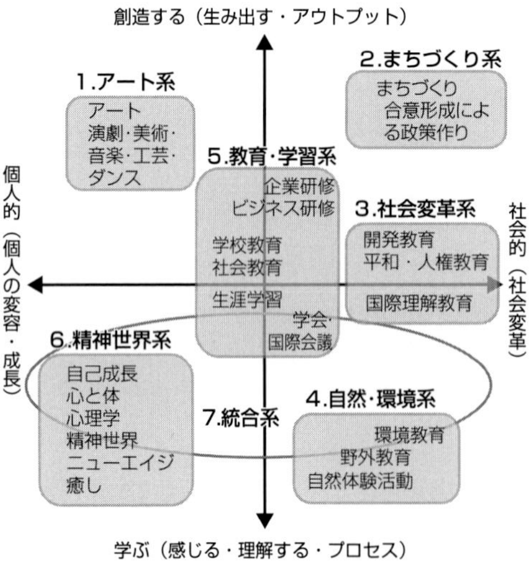

（2）「揺らぎ」という経験

ワークショップという学びのスタイルを選択したのは、ジェネリック・スキルの育成にかかわる貴重な経験の場になり得るという理由がありました。それは、ワークショップの学びのプロセスには必ず「揺らぎ」という経験が含まれているからです。ワークショップにおける集団および個人が取り組むワークは、学びの質が変容していくという特徴があります。これは、ワークショップが「このような学びを深めましょう」という明確な

出典：中野民夫『ワークショップ―新しい学びと創造の場』岩波書店,2001年,19頁

図2-2　ワークショップの分類

目標が示されているものではなく、「どのようなものをつくりあげていこうか」という創造プロセスであることから、学びの目標も発達的に随時変容していくからです。しかも、その変容は、個人内における学びの目標と集団としての学びの目標が含まれるため、ワークショップに参加するもの同士が持つ目標のすりあわせをしていかなくてはならないのです。

このため、このお互いの思いや考えをすりあわせる際に生じる葛藤や混乱、困惑、戸惑い、ぶつかりあい、遠慮、躊躇といった感情や行動が参加者各自の「揺らぎ」として出現していくのです。社会において問題解決を図るスキルを持つためには、この「揺らぎ」の経験は重要であるといえます。さらに、問題解決を図るだけでなく、「揺らぎ」と向きあう中でチームワーク力を養ったり、論理的および創造的思考を持って相手の理解を求めたりする機会ともなります。まさにジェネリック・スキルを培う学びのスタイルであるといえます。

（3）誰もがリーダーとなり、協働する

ワークショップという学びの場では、明確な目標も示されていなければ、「この人がリーダーです！」という人も決められていません。

場の状況に応じてファシリテーターという者が存在します。ファシリテーターはいわば、ワークショップにおける「先導役」であり、「調整役」であり、「介入役」であり、「まとめ役」でもあるという、あらゆる面を持ち備えなくてはなりません。

さらに、そのファシリテーターは固定された人ではなく、場や状況によって流動的に変わることがあります。ファシリテーターが適材適所で変わり、役割を担えるということは、参加者が対等の立場で学びの過程を展開していくことが保障されているということです。

私たちは、学生一人ひとりにリーダーシップを発揮する力を育んで欲しいと願っていました。また、協調性を持って対話し、協働的な集団づくりを目指せる人材育成を目指していました。それゆえに対等な立場で学びの過程を展開していくワークショップという学びのスタイルを選択したのです。

3. 絵本の世界を体感するワークショップの誕生

（1）なぜ、絵本がテーマとなったのか

　本書の第1章で紹介したワークショップを読み進めていくと、読者の皆さんの中には「なぜ、絵本のワークショップだったのだろうか？」と疑問を持たれる人もいるのではないでしょうか。
　私たちは、学生たちにワークショップという学びの場を構築しようと考えた時、最初にワークショップに参加する対象者を子どもたちにしようと決めました。なぜなら、福祉・教育職を目指す学生たちにとって、社会人となった時に向きあうことの必要な"ひと"とは主に子どもたちであったからです。
　子どもたちと共に共有・共感でき、協働できるワークショップを展開するためには、子どもも大人もいっしょに楽しめるテーマが必要でした。そこで、何度も検討を重ねた上で浮かびあがってきたのが、「絵本」だったのです。絵本を読みあうことは"ひと"と"ひと"の感情や行動をつなげるだけでなく、ワークショップの中で生み出される"もの"や"できごと"を融合的につなげる有効なツールになります（詳細は第4章をご参照ください）。2010年の年明けに"ひと・もの・できごと"をつなげた「絵本の世界を体感するワークショップ」の企画が誕生し、第1回目の絵本としていわむらかずお先生の『14ひきのひっこし』をテーマとすることになりました。

（2）連携から生まれる学びの構築

　私たちはワークショップを企画するにあたり、学生たちを取り巻く学びの要素をふまえるために、さまざまな人や場との連携にこだわりました。絵本を体感する学生たちがワークショップを全く何もない状況から企画していくのではなく、開催するまでの間に学生の「意欲」や「気づき」を得るためのさまざまな支援・サポートが必要であったからです。

そこで私たちは、図2-3に示すように、それぞれのゼミの学生同士だけでなく、「大学」「地域・民間団体」「専門的知識・技術を持つ人や場所」「民間企業」との連携を図りました。この連携についての詳細な説明は、第4章をご参照ください。

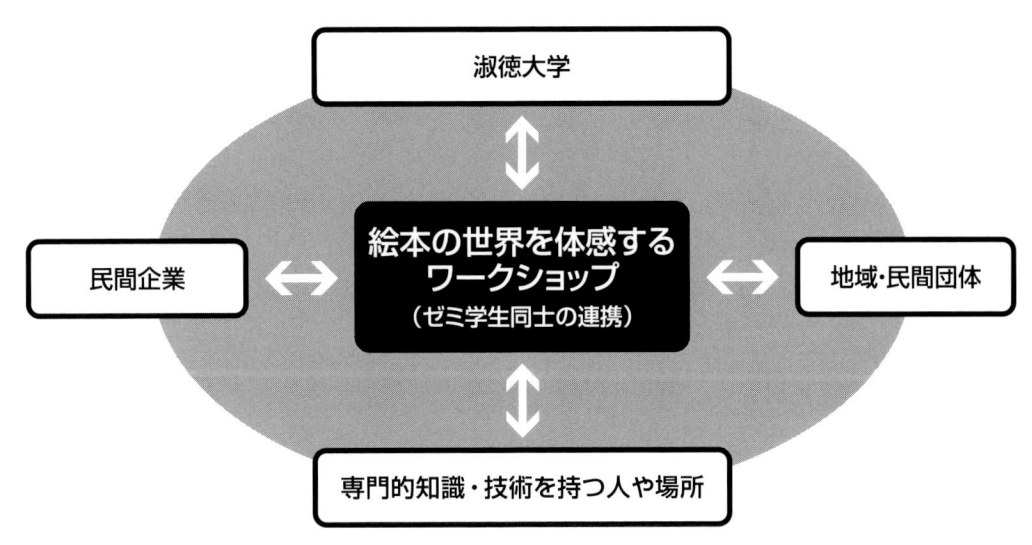

図2-3 絵本の世界を体感するワークショップに向けての連携

4．絵本の世界を体感するワークショップの展開

　第1章にて紹介しました「絵本の世界を体感するワークショップ」と「デジタル絵本を楽しむワークショップ」は、ワークショップの目的や内容、参加対象者などに差異はありますが、ワークショップⅠ～Ⅴの5つの活動がつながりを持って発展してきた、絵本がつなぐワークショップです。ここでは、このワークショップがどのように展開をしてきたのか、ワークショップⅤに至るまでのプロセスを説明していきます。

①目的	⑦申し込み方法
②具体的な活動内容	⑧主催団体
③参加対象者	⑨後援
④ファシリテーター	⑩協賛団体
⑤スケジュール	⑪参加費
⑥会場	⑫保険料

（1）ワークショップの企画内容

　ワークショップを立ちあげるにあたり、私たちは右上の12項目を企画しました。各項目の詳細な内容は表2-1のとおりになります。この企画内容を基本にして、ワークショップⅠ～Ⅴの活動は展開してきました。

（2）ワークショップの具体的な展開

　ワークショップⅠ～Ⅴは、その活動主体となっている学生たちの成長と共に展開していきました。ここでは、この学生たちの成長と共に発展してきたワークショップの具体的な展開内容を創成期・挑戦期・変革期・発展初期の4つに分けて、説明していきます。

① 創成期－学びの気づき－

　本章のワークショップの誕生における説明からもわかるように、はじめての活動となったワークショップⅠでは、主なファシリテーターは教員であったといえます。

　教員が導き、美術館の訪問、竹細工の

4. 絵本の世界を体感するワークショップの展開

表2-1　ワークショップの企画内容

	項目	絵本を体感するワークショップ 第1章ワークショップⅠ・Ⅱ・Ⅲ・Ⅴ	デジタル絵本を楽しむワークショップ 第1章ワークショップⅣ
①	目的	・子どもたちと一緒に絵本を読みあった後、アートや自然体験、遊び、食事などを通して感じたことや考えたことを表現しながら、絵本の世界を体感する。 ・ワークショップの活動を写真やビデオカメラで記録し、活動内容を社会へ発信する（ワークショップⅤのみ）。	・デジタル絵本を制作することを通して、学生一人ひとりの思いや考えを表現するだけでなく、絵本に表現されたことを子どもや保護者と一緒に共有することで新たな気持ちや行動を生み出す。 ・特別支援学級・保育園の子どもたちや劇団員と一緒にデジタル絵本を制作し、協働でつくりあげる喜びを味わう。
②	具体的な活動内容	・絵本の読みあい ・造形活動 ・自然体験 ・遊び ・食事 ・情報発信（ワークショップⅤのみ）	・絵本の制作 ・絵本のデジタル化 ・絵本の音声化 ・絵本の読みあい ・情報発信
③	参加対象者	・3〜5歳を中心とした子どもとその保護者 30組程度	・3〜5歳を中心とした子どもとその保護者 ・保育園児（3〜5歳児） ・特別支援学級の子どもたち（中学生） ・劇団員
④	ファシリテーター	・ワークショップⅠ…教員主導期 ・ワークショップⅡ…教員から学生への移行期 ・ワークショップⅢ…主要学生による活動期 ・ワークショップⅤ…学生主導期	・1年間による活動の流れの中で教員主導から学生主導へ
⑤	スケジュール	・毎年10月下旬から11月上旬の間の1日	・2012年4月〜2013年4月までの期間で継続的に開催
⑥	会場	・大学内図書館 ・大学そばの大巌寺 ・学内の野外広場	・大学内図書館・大学内教室 ・企業・保育園・劇団「月の砂漠」 ・特別支援学級（千葉市立松ケ丘中学校）
⑦	申し込み方法	・開催チラシ（FAX申し込み用紙含む）を制作し、大学周辺の保育園・幼稚園へ配布 ・大学内サービスラーニングセンターにてFAX申し込み受付 ・FAX受領後、学生が電話にて申し込み完了確認	・開催チラシを制作し、大学周辺保育園・幼稚園へ配布 ・当日の会場前にて受付窓口を設置し、申し込み ※上記はデジタル絵本を楽しむワークショップの際の申し込み方法
⑧	主催団体	・ワークショップⅠ…大学 ・クリエイティブ・キッズ・アライアンス実行委員会 ・ワークショップⅡ・Ⅲ・Ⅴ…大学	・大学
⑨	後援	・ワークショップⅠのみ、千葉市教育委員会、千葉市民間保育園協議会・千葉市幼稚園協会	・なし
⑩	協賛団体	・ワークショップⅠのみ、いわむらかずお絵本の丘美術館、株式会社二期リゾート、株式会社ランゲージ・ティーチング・レボリューションズ ・全てのワークショップで使用した絵本の出版社…福音館書店、童心社、偕成社、ブロンズ新社	・CSE株式会社
⑪	参加費	・親子1組につき500円（材料費、保険料含む）	・なし
⑫	保険料	・民間会社のイベント保険に加入	・なし

造形体験、いわむらかずお先生の講演、企業の方との交流などから学生たちが取り組んでいくワークショップに向けての学びを深めていきました。集団における協働的な活動はどのようにしたら実現できるのかを気づきはじめた時期でした。また、社会に向けての活動を実施するためには自分たちにどのようなスキルが必要なのかを認識しはじめた時期でもあります。

② 挑戦期－学びの自立－

活動2年目となったワークショップⅡでは、教員たちはあえてクリエイティブ・キッズ・アライアンスや後援、協賛などの協力を得ずに、学生たちの力だけで企画から実行、ふりかえりまでの活動を挑戦させることにしました。一度経験したことをふまえて学生たちが自らのスキルを十分に生かしていく機会となって欲しいと考えたからです。教員たちはフォロワーとして見守り、支える立場になることで学生たちの学びの自立を図った時期でもありました。

学生たちは社会とのつながりの中でワークショップを展開していく際には、出版社に対する絵本の使用許諾やチラシによる地域への告知、図書館や大巌寺の使用許可といった対外的な交渉の難しさを経験しました。また、学生同士がテーマとなる絵本を選択し、読みあい・造形・自然体験をどのように活動展開していくのかを具体的に企画するために、各ゼミのファシリテーターが動きだし、集団の先導役、調整役、介入役、まとめ役となりはじめました。学生各自が活動展開をとらえられるようになり、反省点も多く現れてきた時期でもあります。この挑戦から社会人基礎力となるさまざまな力が育ちはじめてきました。

③ 変革期－学びの変化－

活動3年目を迎えるにあたり、学生たちの主体性が育ってきたと同時に、ワークショップを発展させていく上での課題が生まれてきました。それが学生の学びを取り巻く要素の一つである情報です。学生たちがワークショップを開催後、その活動状況の成果や反省を伝える手段や方法が不足していると考えた私たちは、情報を専門としているゼミとの話しあいをはじめました。

しかし、情報ゼミの学生は、日常的に絵本という文化や子どもとのふれあいがほとんどありませんでした。まずは、互いのゼミ同士が「絵本」や読者

である「子ども」に興味・関心を持つことが必要だったのです。

　そこで、ワークショップⅢとして絵本を体感するワークショップを協働で取り組む以前に、ワークショップⅣとしてデジタル絵本を楽しむワークショップを立ちあげることになりました。新たな絵本がつなぐワークショップの幕開けとなったのです。絵本を制作することで絵と文が持つメッセージ性に気づくと共に、自分たちで制作したデジタル絵本が人々に伝える力を学ぶ機会を得ることにしました。

　このワークショップの活動は、私たちの予想以上の活動となりました。学生たちの主体を生み出す大きなきっかけとなったのです。デジタル絵本のソフト開発を行っている企業の参画も得ながら、学生たちがつくり出したデジタル絵本は、大学祭における企画だけでなく、保育園、劇団、特別支援学級での活動にひろがるデジタル絵本を楽しむワークショップになりました。ワークショップに参加した特別支援学級の子どもたちまでも絵本づくりに挑戦したいという意欲があらわれ、学生たちがその絵本づくりのサポート役として協働的に活動することになりました。

④ 発展初期－試行錯誤の学び－

　情報ゼミと言語表現ゼミの融合的な活動を行ってきた学生たちは、活動の4年目を迎えて、ワークショップⅤの絵本の世界を体感するワークショップの中で、4つのゼミ同士が総合的に活動するという目標を持つようになりました。

　主要なファシリテーターだけでなく、全ての学生が情報共有するためのLINEという情報ツールを活用し、常に情報交換できるようにしていきました。また、各ゼミが集合できる共通の活動時間を設けることによって、準備活動を同時に進行するようにしていました。さらに、当日の活動でも全ての活動の流れが互いに共有できるように、学生たちによって活動計画案を制作しました。

　情報ゼミの学生たちは、活動の準備から当日の活動に至るまで、写真やビデオカメラによって記録を取り、編集作業を行い、ムービー（映像）として活動報告を社会へ発信しました。これまでの3年間とは異なり、学生たち自身がどのように互いがつながり、協働していくことができるのかを最も模索していました。自分たちの活動として試行錯誤している発展初期であるといえます。

（3）絵本の世界を体感するワークショップの流れと学生たちの学び

　これまでの4年間におけるワークショップの活動から、絵本の世界を体感するワークショップとして図2-4に示される流れを確立しました。この流れを展開するためには、ワークショップの開催準備の段階から、各ゼミ同士が話しあい、活動しあいながら、互いの理解を深め、合意形成を図らなければなりません。私たちが見守る中でも、笑い、楽しみ、喜び、ぶつかりあい、遠慮しあい、困惑しあいながら活動を進めている様子がわかります。

　この学生たちの姿こそが最も重要な学びをしながら協働している証拠であり、今後ワークショップの発展の可能性を意味しています。

言語表現ゼミ「絵本を読みあう」
子どもたちと学生で一つの物語を読みあい、互いの感性にふれあいながら絵本の世界を共有していく。

造形表現ゼミ「絵本の世界を表現する」
共感しあった絵本の世界をアートで表現することで、感じたことを創造活動へとひろげていく。

野外教育ゼミ「絵本の世界を体感する」
身体的な体験活動や食の活動を中心とした自然体験を通して絵本を読みあって育まれた心で感じる世界から身体で感じる世界へとひろげていく。

活動を記録する
情報ゼミ「新たに生み出された世界を記録する」
参加者によって創り出された絵本の世界を記録し、社会へ発信していく。

子どもたちの表現する絵本の世界をつくる

図2-4　絵本の世界を体感するワークショップの流れ

第3章 絵本の世界を体感するワークショップの方法と成果

　本章では、「絵本の世界を体感するワークショップ」から生み出されたものについて、協働してきたそれぞれのゼミの専門領域から述べます。

　本ワークショップは、主に大学でのゼミ活動として取り組んだものですが、この内容は、地域における社会教育活動や、大学における幅広い表現技術の獲得を目標とする課題解決型の授業、保育内容の表現技術の授業としても実施できる内容を含んでいると考えています。本実践から得られた知見や具体的な手法を示すことは、同様の取り組みや新たな試みを後押しするはずです。また、ワークショップという学習形式の、それぞれの専門領域にとっての意義についても示したいと考えています。

1. ワークショップと言語表現

（1）活動にあふれる言語表現

子どもと学生

言語表現は、常に生活の中にあります。上の写真の子どもと学生にも多くの言語による表現が生み出されています。まず、皆さんが気づくのは「対話」という言語表現ではないでしょうか。実はこの写真の場面では、「対話」という言葉による表現だけでなく、その他にもたくさんの言語表現があふれています。

その一つは「目線」や「表情」です。「目線」や「表情」は大切な言語による表現です。子どもと学生は「目線」を合わせて確認しあっています。この子どもの真剣な「目線」と「表情」からすると、「これでいいのかな？」という同意を求めているのではないでしょうか？ その傍らにいる学生も「目線」をあわせて「いいんじゃないかしら」という同意の「表情」を向けています。写真では言葉が聞こえてこなくとも、私たちはこの言葉を受け取ることができます。さらに、その二人の、身をほんの少し乗り出した「身体」の傾きもまた、二人の関係性が現れています。ここには「私たちはお互いに向きあっていたい」という耳には聞こえない心の言葉が存在します。

私たちは日常生活の中で、言葉として表現されるバーバル・コミュニケーションと言葉以外の表情や目線、身体全体で表現されるノンバーバル・コミュニケーションという2つの表現を使用して、お互いの交流を持っています。常に言語表現にあふれた世界で生活をしているといっても過言ではありません。

しかし、近年、デジタルの進化によって人と人との直接的な言語表現が難しい社会であるといわれています。メールやブログ、ツイッター、LINEなどの情報ツールによって言葉としてはあふれ返るほどの生活環境になっていますが、そこに表現された気持ちや考えをお互いに受け取れていない場面が増えてきました。直接的な言語表現でないことが、誤解を招いたり、勘違いを生み出したりするようになってきたのです。さらに、この生じた行き違いに対しても、直接的な言語表現で向きあわない人が増えてきました。このことは、バーバル・コミュニケーションだけではなくノンバーバル・コミュニケーションの表現によって人と人とが交流する機会が少なくなっているといえます。私たちは知らず知らずのうちに、大切であった直接的な言語表現を学ぶことを避ける生き方を選択するようになっているのかもしれません。

絵本の世界を体感するワークショップでは、企画から活動後のふりかえりに至るまでその活動中に人と人とがつながり、さまざまな言語表現を互いに交わしあうという課題があります。この課題は喜びや楽しみだけではありません。ワークショップの活動中に生じた言語表現の行き違いから、学生同士や参加した子どもや保護者との交流に困難さを抱えた学生たちの姿を何度も目にしました。その困難な出来事に悩み、その場では解決に至らなかったケースもありました。学生各自が自らの言語表現能力に対する課題を見つけはじめた瞬間です。私たちは、この学生たちの課題に丁寧に向きあってきました。ワークショップのあちらこちらでこの言語表現の学びが生み出されながら、学生たちは他者への理解を深め、共に生きていく力を養っていきました。

（2）絵本の豊かさに気づき、創造する学び

絵本は、絵と言葉によって創り出された児童文化財です。第1章で紹介したワークショップに参加した学生たちは、この絵本という児童文化財のふれあい、自らも絵本を制作しながら絵と文の豊かさに気づくという学びを積み重ねました。

絵本の世界を体感するワークショップでは活動2年目から学生たちによってテーマとなる絵本を選択できました。毎回の選択方法は図3-1の手順によって行

われています。

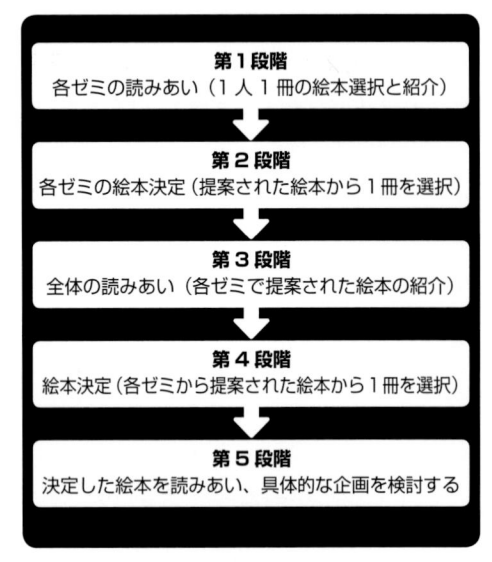

```
第 1 段階
各ゼミの読みあい（1人1冊の絵本選択と紹介）
↓
第 2 段階
各ゼミの絵本決定（提案された絵本から1冊を選択）
↓
第 3 段階
全体の読みあい（各ゼミで提案された絵本の紹介）
↓
第 4 段階
絵本決定（各ゼミから提案された絵本から1冊を選択）
↓
第 5 段階
決定した絵本を読みあい、具体的な企画を検討する
```

図 3-1　絵本選択の手順

　この5段階からなる絵本選択の手順を通して、学生たちは多くの絵本とふれあうだけでなく、その絵と言葉の豊かさを味わうことになります。1人1冊の絵本の紹介からはじめれば、最終的には、このワークショップの活動に2回参加をしたならば、30〜40冊ぐらいの絵本を味わう経験になります。作者によって異なる絵と言葉による表現と、自分たちが目標としているワークショップの活動を照らしあわせながら、その想像力を持って自らが考えるワークショップの展開を提案していきます。このさまざまな学生たちの提案そのものが、その年に開催される企画の素地になっています。絵本の場面ごとに表現された絵や文から、「このフレーズを楽しむ時間をつくったらどうか」「この場面の絵を子どもたちが再現できる造形活動はできないか」などの学生の声があがります。これは、学生たちが絵と文の豊かさに気づき、楽しみ、発想している姿です。ここに、学生たちの感性と共に思考力が育っていく学びの過程があります。

　デジタル絵本を楽しむワークショップでは、自らの表現能力によって絵本の絵と言葉を創り出すことを課題としました。パワーポイントを利用してはじめて絵本を制作した時には、あえて教員からの枠組みを与えることなく、自由な発想で制作していきました。さまざまな形や色、アニメーションを使用して読者に「見せる」絵を完成させていきました。絵本のストーリーも単純で明確なメッセージを言葉にのせて、読者に「運んでいる」という印象でした。

　企業との合同勉強会を通して、学生たちはアニメーションを使用しない白黒の丸だけの絵を使用するという枠組みと、読者を意識したストーリーづくりを念頭に置く、新たなデジタル絵本制作の課題

に取り組むことになりました。さらに、絵本の完成までには大学教員だけではなく、企業の方からのアドバイスが与えられました。

　エピソード3-1はそんなアドバイスをいただいた学生の作品です。学生が絵と言葉の豊かさに気づき、ストーリーにもメッセージ性が加わっていることがわかります。この活動から、絵と言葉に対する感性を高め、絵本を創造することを学んでいきました。

（3）読みあいという共有体験

　私たちのワークショップでは、絵本の読み聞かせではなく、絵本の「読みあい」や絵本を「読みあう」という言葉で、絵本を読むことを表現しています。その理由は、ワークショップで絵本を読んでいる時には、絵本という媒体を通して、お互いの感情や行動を共有する体験が随時生み出されているという考えがあるからです。

エピソード3-1　学生の「絵」や「言葉」に対する意識の変化と作品の変容

　ある学生がメールで送った絵本に対し、企業の担当者の方が次のようなアドバイスをしました。「いしころごろごろ、いい響きですね。メッセージ性があって素晴らしい絵本だと思います。『だれか、だれか。』もう少し、緊張感があるようなレイアウト・フォント使いにしてはどうですか？

　仲間が増えてくる表現が面白いですね。小石がとび出すところが、すり抜ける表現がよくできていますね。ページのリズムにもう少し気をつかってつぎのページへつながるリズム感を気にしてみてください。改行位置やオノマトペを効果的に使えているか見直してみましょう」。

　このアドバイスをいただき、「絵」と「言葉」に対する意識が変化した学生の作品は下記のように変容しました。

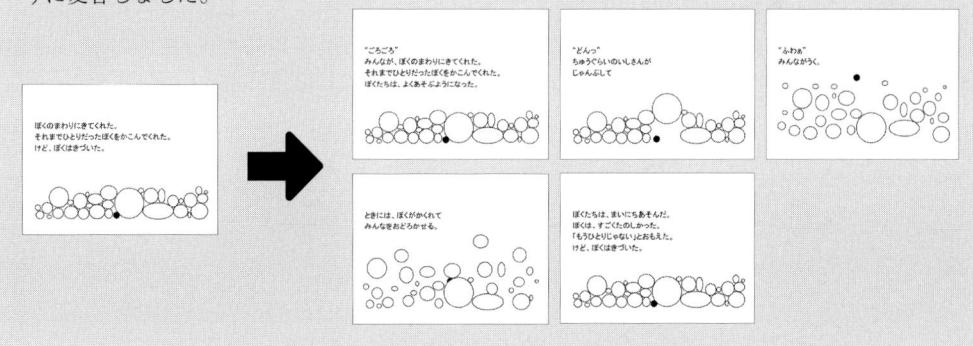

絵本は読む人がその物語の世界を想像することで豊かな気持ちが生み出されるだけでなく、それぞれの五感を通して自らの言葉や思考、行動へつながり、さまざまな形で表現されていきます。もし、いっしょに読む人がいるならば、それぞれが表現した言葉や思考、行動が共有され、新たな物語が創り出されていくのです。この絵本を通した共有体験は、後に子どもたちの生きる力へと変わっていきます。

　絵本の世界を体感するワークショップでは、共有体験の場を生み出すことが課題です。多くの場で共有体験を生み出すためには、共に読みあう学生の適切な子どもたちと絵本の出会わせ方や読みあった時の子どもの気持ちや行動に気づき、共感する力が必要です。

　学生たちはワークショップを積み重ねる中で、共有体験をしていく上での姿勢が身についていきました。それは、読みあう前から子どもたちとの関係性を大切にすること、共に想像世界を楽しむこと、読みあった時や読みあった後の子どもに育まれている気持ちや行動を見落とさないことです。エピソード3-2は、ワークショップ実施後のふりかえりをした時に学生が共有体験から学んだことを語った様子です。子どもの感じる心に気づき、自ら感じたことを言葉で表現することによって共感しています。

エピソード3-2　子どもの感じる心に気づく

　絵本を読みあった後に、私は子どもと一緒に手をつないで大巌寺に向かって歩きはじめました。歩いている途中、子どもが「あっ、くまさんの毛糸…」という言葉を小さな声でつぶやき、その瞬間にぱっと瞳が輝きました。『ぐりとぐらのえんそく』では、くまさんのセーターのほつれた毛糸が登場します。私たちは青いひもをそのくまの毛糸に見立てて道の途中に置いていたのです。このひもを置いておこうと決めた時には、本当にくまの毛糸と思ってくれるだろうかと心配でしたが、子どもはこんなにも絵本の世界を感じて、その世界を心から楽しんでいるのだということに気がつきました。

　「もしかすると、くまさんのお家に行けるかもしれないね」と言う子どもに、「そうだね、くまさんにセーターの毛糸がほつれていることを教えてあげなくちゃね」と答えながら、自分自身も絵本の世界を体感し、楽しむ一人となることができました。今までも絵本は子どもにとって大切なものだと思っていましたが、絵本の本当の力をはじめて理解できたように思います。

（4）ワークショップの成果

　2011年度のワークショップⅡは、企画から実施に至るまで、ファシリテーターを中心とした学生たちが活動責任を担い、実行しはじめた頃です。私たち教員は、共通の教育方針として、助言を行う程度のかかわりを心がけていました。このワークショップⅡの終了後に学生たちに向けて「ワークショップにおける活動を経験してどのようなことを学びましたか？」という自由記述式のアンケート調査を実施しました。その結果、次の10項目に関する学生の行動や認識の変化が明らかになりました（仲本ら、2012）[i]。

①コミュニケーション・スキル
②チームワーク
③自己管理能力
④論理的思考力
⑤リーダーシップ
⑥創造的思考力
⑦市民としての社会的責任
⑧問題解決力
⑨総合的な学習経験
⑩人類の文化、社会と自然に関する知識の理解

　以上の10項目は、ジェネリック・スキル（詳細は第2章をご参照ください）に含まれているものです。学生たちにとってこれらのスキルの習得には「気づき」「学び」「反省」「自己理解」という4つの段階があったこともわかりました。

　はじめてワークショップを経験した学生のほとんどは、「気づき」や「学び」の段階にあります。たとえば、コミュニケーション・スキルの習得でとらえていくと、学生たちは子どもたちとの交流に向けて戸惑いや不安を覚える自らの気持ちに気づきました。いざ、かかわりを持った結果、子ども理解をしながら段々と子どもとの距離が近づいてコミュニケーションをとる自分に喜びを感じている様子（＝学び）がありました。しかし、2回目のワークショップを経験した学生たちは、コミュニケーションをとって子どもとかかわるだけではなく、自らのかかわり方をふりかえって「反省」して客観的に分析しながら「自己理解」を図り、さらに子どもとかかわる様子がありました。調査結果から、10項目のジェネリック・スキル全てにおいて、同様な段階でスキルを習得し、向上させている様子がありました。

　このことから、学生たちにとってワークショップにおける経験は、ジェネリック・スキルを習得する段階的な学びの場になっていたといえます。

文　献

i. 仲本美央・槇英子・瀧直也（2012）連携から生まれる学びⅢ、全国保育士養成協議会第51回研究大会発表論文集，276-278.

コラム よい読みあいとは

◆なぜ、読みあいなのか

家庭や保育現場などで子どもと大人が絵本を読む時には、「読み聞かせ」という言葉が一般的ですが、本書のワークショップでは、「読みあい」や「読みあう」という言葉を使用しています。その理由は、大人が子どもに絵本を読む時には、ただ聞かせるのではなく、互いの気持ちや行動を交わしあいながら楽しんでいるからです。

◆絵本を楽しむ一人であること

ワークショップを企画する時には、みんなで絵本を読みあったり、学生各自が手に取って読んだりできる数の絵本を用意して、しっかりと楽しむことができるようにしています。子どもと読みあう大人が絵本を楽しむ一人でなくては、子どもといっしょに共感することが難しくなるからです。子どもが読んだ時に「どんな思いでこの場面を楽しむのだろう」と予想すること、そのことが子どもと読みあう準備段階となります。

◆子ども理解のある読みあい

学生たちが子どもといっしょに読みあう時には、子ども理解のある読みあいを目指すように伝えています。絵本の内容に対する子どものさまざまな発見や発想、気持ち、行動に気づき、その状況に応じたかかわりを持つことで、読みあう場に互いの共感がひろがっていきます。そのことによって、子どもといっしょに想像世界を楽しんだり、絵本の世界と現実世界の類似点をいっしょに見つけ出したりすることができます。

読みあう時の真剣なまなざし

◆読みあった後を大切にする

子どもたちにとって絵本を読みあった時だけでなく、その後も絵本の世界は続いています。絵本に出てくるフレーズを口ずさんでいたり、制作物をつくってその世界を表現したり、遊びの中で再現したりします。この子どもたちの表現を大切にして気持ちや行動を共有していくことも、いっしょに読みあう大人にとって大切な条件であるといえます。

2. ワークショップと造形表現

（1）本実践での造形表現の役割

「絵本の世界を体感するワークショップ」には、数多くのものづくり場面がちりばめられています。それは、企画から当日までの全ての過程にわたり、主催する学生側と参加する子どもたちの双方に及びます。それは造形表現が、絵本の世界という形のないものを共有するために欠かせないものだからです。

絵本は、言葉と絵が織りなす物語の世界です。特に絵がもたらす視覚情報はイメージづくりに不可欠です。参加する対象者は幼児で、そのほとんどが他の参加者や学生たちとは初対面です。そのため、視覚表現は、絵本の世界のイメージを共有し互いをつなぐ共通言語となり、イメージを維持するためのシンボル的な役割も果たします。

もう一つの側面は私的言語、つまり話し言葉としての造形表現です。参加した場において、ここに自分がいるという跡をつけることは、享受者ではなく主体者であることを意識づけるだけでなく、気持ちを和らげます。それが、他者とイメージの共有ができる状況づくりにもなります。

つまり、絵本の世界のイメージの視覚化と子どもたちの自己表現の場の設定が、本ワークショップにおける造形表現領域の重要な役割になります。

たとえば、ワークショップⅤでは、参加する子どもたちに２つのものが渡されます。１つは「からすの帽子」、もう１つは「バッグ」です。

被り物は子どもたちにとって"なりきるためのアイテム"です。そしてバッグはつくったものや買い物ごっこをするのに必要だと、学生たちが気づきました。さっそく準備に

被り物は "なりきるためのアイテム"

取りかかりはじめた学生たちに問いかけます。

「からすの帽子は黒ばかりつくっているけど、どうなのかな」「子どもたちはできあがった帽子が欲しいのかな」「バッグは既製品しかないかな」

結果は p.68 にあるとおり、絵本に出てくるからすたちのようなカラフルな色の帽子をつくり、入口に並べて選んでもらうことにしました。そして目は自分たちでつけられるよう準備をしました。バッグは、1枚の型紙からつくれるものを探し、クラフト紙を折ってつくり、自由に絵を描いたりシールを貼ったりできるよう用意をしました。

絵本の世界のイメージを形にした帽子と参加主体であることを感じるバッグ、この2つがワークショップに楽しく参加するための入場券となります。そして、ワークショップ全体を通してこの2つの側面を持つ造形表現活動が終始行われ、そのことが、参加者の体験を深める役割を果たしているといえる

子どものオリジナル
マイバッグ

でしょう。

ここで、子どもたちの造形表現を促したワークショップについて、表現内容を整理してみましょう。

ワーク ショップ	絵本の世界の表現	自己表現・創作
Ⅰ	ひっこしリュックサック 食器づくり 竹での遊び	リュックサックデザイン 竹の自由制作 竹の合奏
Ⅱ	ぐりとぐらの衣装と帽子 タマゴカー	衣装のデザイン ビニールシート画
Ⅲ	どうぶつさがしカード さかなづくり 楽器づくり	どんぐり工房 フォトフレーム 衣装づくり
Ⅴ	からすの帽子 パンづくり おかしづくり	バッグのデザイン ケーキやクッキーの装飾

表3-1　絵本の世界を体感するための表現

ところで、この考え方は、子どもたちの造形表現に対する理解の基本と重なります。造形的な表現には、共通言語と私的言語の2つの側面があり、他者との対話や遊びの媒体となる一方、自己との対話の手がかりにもなります。そして、その間を自由に行き来できる環境を設定することが、子どもたちの表現の育ちを支えます。

このように考えると、こうした援助を体験し、相互作用を通して気づき自ら学ぶという意味では、ファシリテーター役

であるはずの学生たちはワークショップの参加者でもあるといえます。この二重構造が、本実践の大きな特徴です。学生たちは、子どものための体験型ワークショップの開催という発想企画型、課題解決型ワークショップの参加者でもあるのです。

（2）教育としてのワークショップ

次に、子どもたちと学生たちという、2種類の参加者を持つ本実践の位置づけを造形ワークショップとの比較によって試みたいと思います。

「こどもの城」造形事業部で子どもを対象とした数多くの実践を行ってきた岩崎清氏は、共同作業の中で、他者への配慮、人と人とのつながり、他者の固有性などに気づくワークショップは、教育の「教える」ではなく「育てる」部分を担うものと述べています（2002）[i]。そして、イタリアのアーティストで、日本では『木をかこう』などの絵本の作者として著名なブルーノ・ムナーリ（1907～1998）の『アートと遊ぼう』と名づけたワークショップを紹介し、遊び感覚で造形活動をしているうちに、造形の要素を学び取ることができるように仕掛けていると述べ、"子どもたちを造形の面白さの中心に誘い込んでしまう"と表現しています。

教えるのではなく育てているという点は共通点といえるでしょう。準備段階における多様な造形活動や当日の子どもたちの活動は、造形要素や素材・技法などの学びを多分に含んでおり、絵本の世界の魅力や造形表現の面白さに引き込まれながら体験し、それらを学び取っていると考えられます。

また、高橋陽一氏は、造形ワークショップを"参加者が主体となった教育であり、その過程や結果を参加者が享受することを目的とするが、その知識や技術の習得、資格の取得などを目的とせず、さらに準備して見守るファシリテーターは存在しても、指導して評価する教師が存在しない""造形の楽しみを感じることを目的としたもの"と定義してい

感動を共有するための工夫と試行錯誤

ます（2012）[ii]。指導と評価が必須の学校教育とは手法が異なりますが、幼児教育には近いところがあります。そして、造形表現の指導力は、ここで求められるファシリテーション能力と重なります。本実践が造形ワークショップ的な要素を持つことは、専門性の獲得という大学教育の目的と合致すると考えられます。

上田信行氏は、「楽しさの中で人は学ぶ」という『セサミストリート』の考え方やボストン・チルドレンズ・ミュージアムの「人は手を動かしたり、試行錯誤しながら活動に没頭できる環境をつくる」という思想にインスピレーションを得て、「プレイフル・ラーニング」という考え方を示しています（2013）[iii]。「学びが楽しさの中にあふれた学習環境づくり」の実現は本実践に限らず目指したい方向性です。こうした視点からも、ワークショップを通しての学びは想像以上に大きいのではないかと考えています。

つくったケーキを見せる子ども

以上から、本実践は造形ワークショップに近い、子どもたちと学生たちという学びの二重構造を持った教育的な活動であると考えられます。次に違いについて考えてみましょう。

（3）アートとしてのワークショップ

近年、一部のアーティストにとっては、ワークショップが表現手法の一つにもなっています。社会の中で見出されていない新しい価値を創造し、本来の姿を感動的なものにつくり変えてしまう技術が芸術であると考えると、ワークショップそのものが表現作品になることは十分考えられます。

小串里子氏は、大地の芸術祭 越後妻有アートトリエンナーレ2006で、「里山の風になって」という誰もが参加できる50日間に及ぶワークショップを企画しました（2011）[iv]。多くの人に、人間は一人ひとり同じではないという存在価値の証になるようなアートの創作体験をして欲しいと考え、「みんなの力でアートが生まれる」を可能にするための装置とチャンスをつくりました。子どもたちは、ドローイングや版画、布絵などで参加し、「自分も参加できた」と心が勇気づけら

れるようなアート体験をしました。

　本実践も、参加者の心を勇気づけるような心に残る体験であって欲しいと願っていますが、表現の自由度や枠の有無などが異なります。

　アート・ワークショップでは、輪の内側である共通のアート体験から日常の枠をはずす拡散的な力が生まれ、新しい自分に出会うなど、それぞれの方向への拡大を促します（図3-2）。

　一方、絵本の世界を体感するワークショップには絵本の世界という枠があり、それぞれにその中に泳ぎ出したり、相互作用による重なりを豊かにすることで、自分と共同の領域を共にひろげていきます。

　図3-2からもわかるように、絵本の世界の枠を固定して共通体験ばかりを増やすと個人の領域はひろがりません。絵本のイメージの枠が弱いとアートのワーク

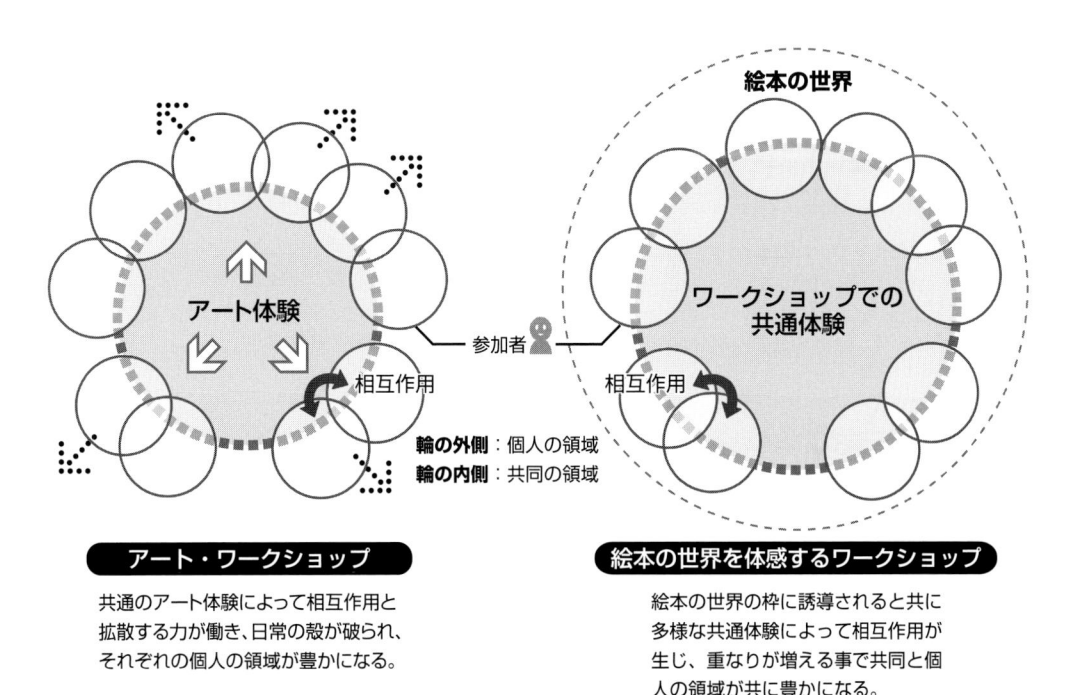

アート・ワークショップ
共通のアート体験によって相互作用と拡散する力が働き、日常の殻が破られ、それぞれの個人の領域が豊かになる。

絵本の世界を体感するワークショップ
絵本の世界の枠に誘導されると共に多様な共通体験によって相互作用が生じ、重なりが増える事で共同と個人の領域が共に豊かになる。

図3-2　アート・ワークショップと絵本の世界を体感するワークショップの比較

ショップに近づきますが、絵本に誘導される力は弱まります。絵本の世界が適度な距離と緩やかさで全体を包む時、参加者は自由感を持って豊かな体験をすることができると考えられます。

表3-1の右側のデザインや制作、描画などがアートの部分に該当しますが、アートワークショップと比較すると、かなり限定的です。しかし、子どもたちの表現は、大胆で創造的であるとは限りません。エピソードに示したように、1本の線も、その子なりの表現であり、傍らにいる大人の受けとめによって豊かな表現となります。こうした気づきが生まれることからも、福祉・教育職を目指す学生にとって、意義のある活動であるといえるでしょう。

また、学生たちは、ワークショップを開催するというワークショップの参加者として、アートのワークショップに近い創造体験をすることができます。企画段階での試行錯誤や教材開発は創発性が高く、その過程で数多くの創造体験を重ねることができます。本実践は、アートのワークショップそのものではありませんが、アートを含んだワークショップということができるでしょう。

その点においても、学びの二重性を持っており、アートの楽しさを子どもたちにも学生たちにも感じてもらえる実践です。

次に、実際の活動について、詳しく見ていきましょう。

エピソード3-3　ワークショップⅡの学生の感想から

　当日は子どもの行動に驚かされました。特に印象に残っているのは、ぐりとぐらのワークショップでのできごとです。年少女児と、ぐりとぐらのタマゴカーをつくっていた時、タマゴカーの真ん中にサインペンで線を引いていました。何を描いているのか尋ねると、シートベルトを描いているといっていました。小さなことですが、予想外の行動だったためとても驚きました。物語の中のもの（タマゴカー）を自分の日常と重ねて制作をしていて、素敵だと思いました。子どもは見ていないようで、さまざまなものを見ているということを学びました。

（4）企画前の学び体験

保育・教育職を目指す学生がほとんどなので、ゼミ活動の初期には、現場で手にする可能性の高い素材と出会う活動を行います。

たとえば、"新聞紙と段ボールで変身"というテーマで1コマの授業時間内に発表するという活動を行います。キッチンに立つママに変身、花のお面の真ん中から顔を出し、手に葉っぱを持って植物に変身など、素材の性質を利用したさまざまな工夫が見られました。他にも、土粘土や木、水や泡など、保育の場の表現媒体として有用な素材と向きあう活動を行います。この体験は、企画段階での材料選びに大いに役立ちます。

また、遊びの援助体験も行います。スポンジで玩具を制作して、実際の保育現場に持ち込んで観察する活動も行いました。ごっこ遊びに対する物的な援助も課

新聞紙と段ボールで変身

ペットボトルから生まれた人形劇

題にしました。これは、子どもたちにとって楽しい体験にするにはどうしたらよいかという視点に生かされています。ワークショップⅠでの竹で遊ぶコーナーづくりやワークショップⅢのおちばいちばでは、ほんとうに多くの案が学生たちから出されました。

さらに、子ども理解体験としては、震災後の心のケアのための活動を行いました。ホール全体を使った絵具遊びをサポートし、子どもたちの色使いや多様な表現の姿に出会い、多くのことを学びました。また、素材から自分たちでつくり出す劇や人形劇は、必ず子どもたちの前で上演し、フィードバックをもらいます。こうした他者理解の経験が、初めて出会う子どもたちに対する細やかな配慮につながると考えられます。

合宿では、表現の殻を破る体験として、

大自然の中を歩き、その感動を手足で表現するワークを行います。センス・オブ・ワンダーを体感し、日常性を打破する中で見えてくる自分があるはずです。こうした経験が、新しい

手足を使ってえがく

挑戦へと向かう意欲の源になります。

　通常のゼミ活動をふりかえると、ワークショップのファシリテーション能力を育成している側面があると感じます。表現を楽しみ、表現媒体や方法に対する理解を深め、協働し、想定外を受け入れ、楽しむ心を養うことは、専門性の獲得にも役立つと考えています。

（5）企画から当日へ

　絵本の世界には、さまざまな要素があります。絵本が決まったら、何を体感して欲しいのかを考える必要があります。第1章の各ワークショップの最初のページにあるような連想から企画を立てます。ここでは造形面について考えてみましょう。

　まず、主人公になるという活動が考えられます。追体験が企画の柱になりますが、外観を似せることもなりきることを援(たす)けます。被る・着る・つけるなどの活動の候補を挙げていき、子どもたちに負担がなく、サイズが調節可能なものを選びます。冒頭でも述べたように、イメージの共有や維持を目的とするか、表現として用意するかで、提示の仕方や準備が変わってきます。ワークショップⅤのように前者として用いる場合は、図3-2の絵本の世界の枠を形成する一要素となり、仲間意識を醸成します。ワークショップⅡのぐりとぐらになる活動では、選択できるものの一つとし、再現性の高さより、お話の世界の一員としての自分を表現することを大切にしました。

　被り物は、安全性への配慮を考えると帽子型が望ましく、材料は、牛乳パックを土台とした丈夫なもの、ベルト状の紙に柔らかな材質をつけて絞る形のもの、紙を折ってつくるものなどが考えられます。

　服は、カラービニールが破れにくいですが、切るのが難しいので、どこまで準備しておくかを考える必要があります。ビニールは、油性ペンだけでなくク

レヨンでえがくこともできます。ワークショップⅤで用意したベールは不織布でつくりました。

次に絵本の世界に入り込むのにふさわしい体験を選び、必要な準備を行います。ワークショップⅤでは「おかしづくり」の準備として、どんな制作が可能か、試作しました。まずは自由につくり、必要な材料や技能の難易度を考え、教材としての是非やどこまで準備をしておくか、子どもたちが自分でできたと感じられる援助の領域を決めていきます。このプロセスは、第1章を参照してください。保育や教育の現場では、教材研究や開発ができる能力が求められますが、ここでの協働による教材開発は、そうした力量の育成に役立ちます。

また、ワークショップⅠのように、竹を用いた遊び環境を設定しつつも、そこで新たな遊びが生まれることを想定して、子どもの思いに応じた援助を行うことを計画することもできます。『14ひきのひっこし』の絵本の世界が、絵を読むことでそれぞれにイメージをひろげる絵本であったことにもよりますが、この場合は、遊びの援助の機会となるでしょう。

次に、ワークショップ全体の大道具、装置について考えます。絵本の世界の再

大きなくまの制作過程

現性を開催場所や既存施設の活用から考えます。本実践では、隣接する大巌寺の中庭の魅力を参加者と共有したいというねらいがあるので、どの場面で生かすのかを考えます。ワークショップⅡでは大きなくまさんとの出会いの場、ワークショップⅢでは、森に隠れる動物たちを探す森にしました。くまの制作には時間を要しましたが、絵本の出会い場面の感動の再現を目指しました。こうしたワクワクする情景をいかにつくるかを考えます。

また、表示についても検討します。当日参加も募るため、開催を知らせる必要があり、シンボルにもなるので、垂れ幕やのぼり旗のデザインは、見せ場でもあります。

（6）ワークショップ当日

　当日は、子どもたちのために共に楽しむという姿勢で臨みます。表現場面では初対面であることに留意しましょう。また、どれだけ予想し、準備しても、想定外のことは起こります。造形面では、材料・用具の不足や不備などです。色へのこだわりが強い子どももいるので配慮が必要です。野外での活動なので、つくったものの修繕用具、雨天対策が必須になります。

　ワークショップにとって、ファシリテーターは重要な役割を果たします。苅宿俊文氏（2012）[v]は、ファシリテーターが中心から離脱しないで予定通り進めてしまうと、参加者が観客になってしまうと述べています。本実践では、複数の学生たちがこの役割を果たしますが、進行役として子どもたちを誘導することはありません。子どもたちを動機づけているのは物語であり、その世界にある必要感です。これが、このワークショップの大きな特徴なのではないでしょうか。造形活動のプロセスでも重要な表現意欲の喚起を、絵本の世界が担ってくれているのです[vi]。

（7）ワークショップの成果

　本実践の成果は、以下のように整理されます。

①学生の主体性の育ち

　初回は教員側からの提案も多かったのですが、現在は学生の主体的な取り組みが中心となっています[vii]。造形関連では、チラシの制作・教材開発・援助方法の検討・表示制作が学生主体になりました。下学年としてかかわった経験を4年次に生かすという流れも生まれています。

②体験の質への着目

　ワークショップⅡの対象年齢に応じた援助計画の表（p.28）は学生が自主的につくったものです。作品ができればよい

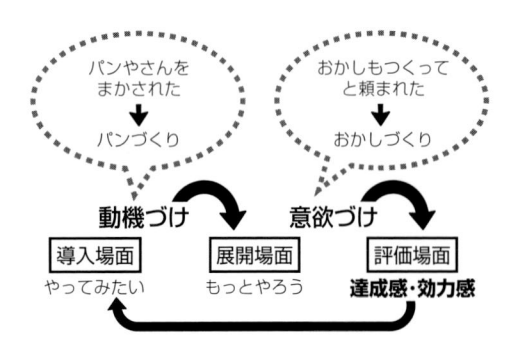

図3-3　意欲を支える絵本の世界の必要感
（『造形表現の意欲を支える援助』(2008)の図を改変）

のではなく、子どもたちが満足感や達成感を得るためにはどうしたらよいか、という視点から考えています。参加者を事前に把握できない状況であるが故に、発達や嗜好に応じる手立てを検討し、準備する必要性が生じます。その難しさを感じながら、子どもたちの最善の利益を追求します。後日、保育園でアルバイトをしている学生から、参加した子どもが持ち帰ったもののことや、楽しかったという思いを繰り返し伝えてくるという報告があり、その成果を共有することができました。

③創造性の発揮

教材開発では、ワークショップⅠの竹のアクセサリー、Ⅱの帽子やタマゴカーなどがオリジナル教材です。また、ワークショップⅡの、くまさんを服のデザインまでこだわってつくりあげた事例、Ⅲのかくれんぼうの衣装を、納得のいくまで何回かつくり直した事例、ⅢやⅤの美しい看板づくりなどに創造的技能の発揮が見られます。Ⅴのからす役の衣装デザインにおいても随所に工夫が見られ、子どもたちの帽子にベールがすぐにつけられるようにするアイデアは、実によく考えられていました。

④実践力の獲得

学生たちが、保護者の前で子どもたちに応じる体験をすることはたいへん貴重です。保育・教育職に就いた卒業生からは、ワークショップでの教材研究や多くのアイデアや意見を出しあった経験がとても役に立っているという声が寄せられています。忘れられない時間を共に過ごし、子どもたちのステキさに出会うことが、今後の学びのモチベーションとなり、将来へとつながることが期待されます。

文　献

i. 高橋陽一監修　杉山貴洋編集(2002)『ワークショップ実践研究』,武蔵野美術大学出版局.
ii. 高橋陽一(2012)『造形ワークショップを支える』,武蔵野美術大学出版局.
iii. 上田信行・中原淳(2013)『プレイフル・ラーニング－ワークショップの源流と学びの未来－』,三省堂.
iv. 小串里子(2011)『みんなのアートワークショップ　子どもの造形からアートへ』,武蔵野美術大学出版局.
v. 苅宿俊文・佐伯胖・高木光太郎編(2012)『ワークショップと学び3　まなびほぐしのデザイン』,東京大学出版会.
vi. 槇英子(2008)『保育をひらく造形表現』,萌文書林.
vii. 槇英子・仲本美央・瀧直也(2012)連携から生まれる学びⅣ,全国保育士養成協議会第51回研究大会発表論文集,278-279.

コラム ビニール袋を活用しよう

ワークショップなどのイベントで大きな物をつくりたい場合、身近で軽いビニール素材は大変役立ちます。表示や装置のつくり方を紹介します。

◆表示（垂れ幕・のぼり旗）

大きなビニール袋を開いてつなぎ合わせます。上下の部分を折り返してロール紙の芯などの棒を通せるようにし、芯の中にひもを通して下げます。必要に応じて下の棒にもひもを通して固定します。文字は、買い物で入手できるさまざまな厚手のカラービニールを切り抜いて、両面テープで貼るとはっきりとして見やすい表示ができます。のぼり旗も棒のサイズに合わせて簡単につくることができ、雨天でも大丈夫です。

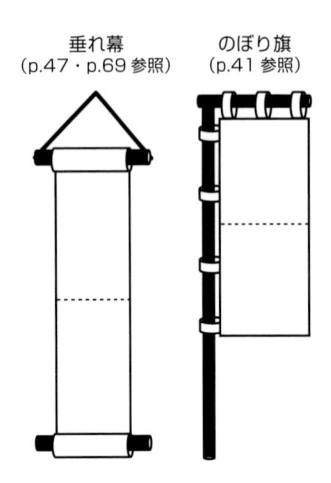

◆大きな立体（エアーアート・エアーアーチ）

送風機を使ってエアーを送ることで、大きな立体を立ち上がらせることができます。立体は、ビニールを型紙通りに切って隙間がないように貼り合わせることでつくることができますが、およその立体をつくってから、ビニールを折り込むなどして透明の梱包用テープで凹凸をつくっていくこともできます。くまさんは、足を2台のサーキュレーターに固定しましたが、風力不足でイスを用意しました（p.31参照）。

ワークショップVのアーチはビニール袋の底を切ってつなぐことで簡単につくることができます。家をつくろうと試みましたが、風力不足でした。風力の強い送風機を使用すると大きな作品をつくることができます。風が強すぎる場合は上部に空気抜きの穴をつくった方がよい場合もあります。完成までの試行錯誤が楽しく、協働の喜びと達成感の得られる制作活動です。

垂れ幕
(p.47・p.69参照)

のぼり旗
(p.41 参照)

3. ワークショップと自然体験活動

（1）自然体験活動の魅力

　本学には、自然体験活動を教育的ねらいのもと、野外教育として行っているゼミが2つあり、多くの活動を合同で実施しています。2つのゼミが集まると総勢50名程度になります。ゼミに入ってはじめて顔を合わせる人も多いですが、活動を重ねることで、卒業する時には全員が強いつながりを持っています。そこには、自然体験活動が持つ、独特の魅力が存在します。

　自然体験活動は、人間の中に眠っているさまざまな感覚を掘り起こしてくれます。自然と向きあうことで冒険心をくすぐられたり、自然を克服することで達成感を味わったり、自然の中で活動することで心身共にリフレッシュしたりすることができます。

　また、自然は、人間が疲れているからといって、山の斜度が緩やかになったり、距離が短くなったりすることはなく、常に変わらない姿で存在し、働きかける人間の状況によって、時に厳しく、時に優しい表情を見せてくれます。

　電気や水道などのない不便な環境で生活することは容易ではありません。

　不便な状況だからこそ、試行錯誤し、他者と協力し、活動を進めていかなくてはならないのです。

　このように、自然体験活動は、心を強く、深く、豊かにし、人の成長に必要な要素を総合的に含んだ活動であるといえます。

（2）ワークショップにおける自然体験活動

　自然体験活動は自然の中で行う総合的な活動です[i]。キャンプや登山、ハイキングといったものから、草花の観察や星空観察も自然体験活動です。さらにいえば、自然物を使った造形や森の中での音楽会も自然体験活動ということができます。

　今回のワークショップでは、自然体験

活動の中でも「身近で」「手軽に」行える活動を実施しました。その代表的なものが食事です。キャンプに行けば自分たちでご飯をつくって食べます。今回のワークショップでは、身近な自然で行っていて、幼児対象ということもあり、キャンプのようにご飯をつくるとまではいきませんが、自分たちで食べるものは自分たちでつくりました。

表3-2はワークショップ別の、メニューとその調理への子どもたちのかかわりについてまとめたものです。ワークショップⅠではp.17のように、ひっこしの途中、やきいもやさんに寄って、子どもたちが新聞とアルミホイルを使って、「おいしくなぁれ」と魔法をかけておいもを包んでいます。

ワークショップⅡでは、p.35のように、子どもたちはバウムクーヘンをクルクルと回しながら焼き、自分たちで焼いたものを食べています。ワークショップⅢでは、物語と全体のバランスから、やきいもやさんがいちばの一つのお店でしたので、子どもたちが直接つくるということはしませんでした。ワークショップⅤでは、子どもたちはp.71のように、パン生地を型で抜いて、チョコチップで口や目を装飾しました。下ごしらえしたパン生地を学生がパン工場へ輸送し、ダッチオーブンで焼き、焼きあがったものを結婚式の披露宴会場へ配達しています。マフィンについては、子どもたちはつくる活動は何も行っていません。

子どもたちが主体的にかかわれるよう、できるだけ調理にもかかわれるよう工夫した活動でしたが、ワークショップⅤを終えた後、学生から次のような言葉がありました。

ワークショップ	メニュー	子どもの調理
Ⅰ	やきいも	新聞とアルミホイルで包む
Ⅱ	バウムクーヘン	回して焼きあげる
Ⅲ	やきいも	—
Ⅴ	パン マフィン	生地を伸ばして型抜き —

表3-2 食の活動と子どものかかわり

―ふりかえりより―
せっかくみんながつくったパンや、おいしいマフィンを焼いたけれど、焼きあがった瞬間に、その場に子どもたちがいなかったことが残念だった。

3. ワークショップと自然体験活動

　このワークショップは、大学を会場にして実施し、ワークショップⅡ～Ⅴは学園祭の中で行ってきました。そのため、時間的な制約や場所の制約、火の取り扱いのルールなどのさまざまな条件がある中、参加者の活動を一番に考えて計画をしてきました。その関係で、完成した感動を子どもたちと分かちあえない状況が生まれてしまいました。同じ場所で同じ時間を共有し、同じ感動を味わいたいという気持ちが表れた言葉でした。

　ワークショップⅢでは、自然体験活動のプログラムとして、「フォトフレーム」と「モンタージュ（にがおえやさん）」という自然物を使ったクラフトも行いました（p.40、42、49参照）。これらの活動は、もともとキャンプなどで行ったことがあり、『おちばいちば』のお話を読みあった学生たちから、この活動を「いちばのおみせにしよう」という声があがりました。

　フォトフレームは、段ボールを切ってフォトフレームの枠をつくります。その枠に、拾ってきた木の実や落ち葉など、好みで貼りつけていきます。「モンタージュ（にがおえやさん）」は自然物を画用紙などに貼りつけて、似顔絵をつくります。モデルになるのは、絵本の登場人

パンの焼きあがり

物や自分のお父さん、お母さんです。学生の似顔絵をつくってくれた子どももいました。モンタージュと聞くと、モンタージュ画像を連想する方が多いですが、この活動の由来は自然物を使ってつくった似顔絵を見て、誰がモデルとなっているか当てっこするものでした。

　葉っぱや枝、木の実など、さまざまな種類があり、同じ種類でも色や形が異なります。それぞれの素材をよく見て選ぶことで、想像力をかきたてます。ワークショップでは、ある程度事前に採取したものを提示し、必要なものは探して集めてきました。

(3) なぜ、「バウムクーヘン」なのか

『ぐりとぐら』と聞けば、読んだことがある人なら誰でも、あの大きくて、ふんわりとした「かすてら」を第一に思い出すと思います。しかし、私たちが実施したワークショップⅡでは、「かすてら」ではなく「バウムクーヘン」をつくって食べる活動を行いました（第1章 p.35参照）。

物語を読みあい、活動を企画する中で、「かすてら」をつくるというアイディアは一番に出てきました。発行元の福音館書店のホームページでもレシピを紹介しています。しかし、話しあいを進める中で、「子どもたちに多くのことを体験させたい」「子どもたちが調理にかかわれるものにしよう」「ここでしかできないことを体験させたい」といった意見が出され、同様の材料でつくれる「バウムクーヘン」と変化していきました。

「かすてら」は材料を混ぜ、フライパンに入れてしまえば、後はオーブンなどで焼くだけです。ワークショップの中で「かすてら」をつくるとなると、プログラム全体の流れや時間的な制約を考慮すると、子どもたちは混ぜる行程しかできず、焼きあがったものを食べるだけになってしまいます。

「バウムクーヘン」づくりは、棒をクルクルと回しながら、木の年輪のような層を1枚1枚焼いていきます（図3-4参照）。子どもたちは、目の前で生地が焼かれていくのを見ることができます。しかも、棒を回さないと生地が下へと垂れてしまいます。

バウムクーヘンをつくろう

◆準備する道具
芯となる竹、アルミホイル、軍手（皮手袋）
火床（バーベキューグリル等）、炭
ボウルやプラスチック容器

◆材料
市販のホットケーキミックス
牛乳、卵、水など　適宜
バター（溶かして混ぜます）

◆手順
①炭を熾します。
②竹が破裂しないよう、節と節の間に穴を空け、生地をかける部分にアルミホイルを巻きます。
③生地を混ぜます。
④芯に生地をかけ、全体になじませ、余分な生地を下に落とします。
⑤火の上で焦げ目が付くまで焼きます。生地が垂れないようにクルクル回します。
⑥焦げ目が付いたら、ボウルの上で生地をかけてまた焼きます。これを繰り返します。
⑦あまり大きくしすぎると、重さで生地が割れて落ちてしまうので直径10cmを目安に。
⑧竹からアルミホイルごと外し、輪切りにしてできあがり！

図3-4　バウムクーヘンのレシピ

このように、バウムクーヘンづくりでは、子どもたちが自ら焼きあげているような感覚を味わうことができます。こちらがプログラムを提供し、子どもたちが体験している訳ですが、子どもたちからして見れば、そこには主体的なかかわりが生まれているのです。

（4）主体的な活動を仕組む

仕組んでしまったら、それは主体的ではないと思われる方も多いと思います。近年、「子どもたちに主体性を育む」といったテーマでさまざまな教育的な活動が行われています。そういった活動の場面では、子どもたちの主体性を導き出すために、大人は手や口を出さず何もしないというものも多いです。果たして、このような大人のかかわりで、子どもたちの主体性は育まれるのでしょうか。

ポイントはその活動が仕組まれているかどうかによります。事前に綿密な準備を行い、しっかり仕組んであれば、無理に大人から働きかける必要はありません。しかし、子ども、特に幼児は、まだ経験が浅く、活動の場面でどうしたらよいのか、どうしたいのかといった判断ができません。単純に「何でも自由にやってよい」ではなく、ルールや使える道具などを事前に準備し、枠組みをつくった中で自由に活動させることで、主体性が育まれていくのだと思います。

（5）絵本の世界観を表現する

ワークショップⅡの中で、「くまさんたいそう」を行いました。この活動は、身体表現の代表的な例といえます。

そもそも、ワークショップⅡで取りあげた絵本『ぐりとぐら』『ぐりとぐらのえんそく』の物語の中では、「くまさんたいそう」というフレーズや「くまとたいそう」といった表現は出てきていません。『ぐりとぐらのえんそく』の中で、「ぐりとぐら」が体操を行い、くまと出会うという内容が出てくるだけです。話しあいを重ねていく中で、「遠足に行く準備体操」→「くまに会いに行くための体操」→「くまさんたいそう」と発展しいていき、「くまといっしょに体操したら　面白いよね」「子どもたちも楽しんでくれそう」と最終的には、くまといっしょに歌って踊る形になりました。くまのたいそうといっても、準備体操やラジオ体操のように、号令や掛け声でいっしょに行うものではなく、みんなで歌って踊れる

ものです。この背景には、ゼミ活動で行っている小学生対象のキャンプ「子どもキャンプ教室」において、毎日の朝の体操を学生が自分たちで創作して実施していたり、キャンプファイヤーにおいて「スタンツ」という出し物を行う機会があり、その場でキャンプの出来事をテーマに創作していたことが挙げられます。

特に、このワークショップⅡの数か月前に実施した「子どもキャンプ教室」において、あるゲームを担当した学生のかっぱのキャラクター設定がもととなり、「かっぱの音頭」が創作され、子どもたちに大人気だった経験から、「くまさんたいそう」が生まれたともいえます。

くまといっしょに体操することが決まってからは、歌と振りを創作していきました。はじめは、夏のキャンプの「かっぱの音頭」をもとに、歌詞を変え、振りつけをかっぱの泳ぐような動きから、くまへ変えただけの二番煎じのようなものでした。しかし、「ぐりとぐらに音頭はあわない」「新たにつくった方がぐりとぐらの雰囲気を出せる」といった意見から、新たに創作することとなりました。学生たちがそれぞれ考えたものを持ち寄り、最終的に、当時流行していたメロ

図3-5　くまさんたいそうの歌詞と振りの一部

かっぱの音頭

ディーに『ぐりとぐらのえんそく』の歌詞をのせ、歌詞にあわせた動きをわかりやすく表現することで「くまさんたいそう」が完成しました（図3-5参照）。

（6）安全管理と食物アレルギーへの対応

近年、「危ないから」という理由で子どもたちの活動から、火や刃物を遠ざける傾向があります。しかし、それでは子どもたちの体験を行う意味が薄れてしまいます。「危ないから」行わないのではなく、注意して行えばよいのです。周りの大人が目をかけ、使い方を教えることで、子どもたちは上手に火や刃物を扱うことができます。実際、以前行っていた年長児を対象とした幼児キャンプでは、鉈(なた)で薪を割り、火をつけ、包丁で野菜を切り、食事づくりを行っています。ワークショップでは、刃物を使う機会はありませんでしたが、火を使う活動があり、特に気を付けたのは、火傷です。バウムクーヘンづくりでは火に近づき生地を回すため、子どもたちには軍手をつけさせました。子ども用の軍手は、以前は手に入りにくかったですが、現在ではホームセンターなどの量販店で手に入るように

なっています。

また、十分配慮しなければならなかったのは、食物アレルギーについてです。ワークショップでつくったメニューの中には、小麦粉や乳製品が入っていました。申し込み段階で、食物アレルギーの有無について確認するよう徹底しました。

ワークショップは、大学構内を中心に行ったため、万が一、事件・事故が起きた場合には、学内の保険相談室を使用することにし、学生にはファーストエイドを携帯させました。

（7）ゼミ活動での経験

夏季のゼミ活動として「子どもキャンプ教室」を行っています。このキャンプは、平成22年より本学の公開講座として開催し、千葉市内の小学校に通う小学3・4年生を公募し、4泊5日で実施しています。子どもキャンプ教室の概要は図3-6の通りです。

例年5月頃からキャンプの準備にとりかかります。その中で学生たちは、係分担（表3-3）を決め、係ごとのミーティングや全体ミーティング、現地の下見、事前の保護者説明会などを経て、本番のキャンプをむかえています。実施後も写

【趣旨】
　自然体験活動やキャンプでの共同生活を通して、自然への理解を深め、感性を養い、仲間と共に力をあわせることやがんばることの大切さなどの「生きる力」を育む。
【実施時期】
　8月前半【4泊5日】
【実施場所】
　2010年 千葉市少年自然の家（千葉県）
　2011年 国立南蔵王野営場（宮城県）
　2012年 国立赤城青少年交流の家（群馬県）
　2013年 国立南蔵王野営場（宮城県）
【対象】
　千葉市内の小学校3・4年生 56名（7名×8班）
【スタッフ】
　淑徳大学 教員2名、野外教育ゼミ生、看護師
【後援】
　千葉市教育委員会
【主なプログラム】

日程	プログラム
1日目	テント設営、野外炊事
2日目	チャレンジハイク（課題解決型）
3日目	登山
4日目	クラフト、キャンプファイヤー
5日目	ふりかえり、片づけ

図3-6　子どもキャンプ教室の概要

係	内容
プログラムディレクター	プログラムの総括
プログラム係	プログラムの企画・運営
カウンセラー	各班の専属スタッフ
マネジメントディレクター	マネジメントの総括
食事係	食事のメニューづくり、食材準備、調理指導
装備係	活動に必要な用具の準備・管理
記録係	活動中の写真・動画撮影、アルバム作成
医務係	参加者・スタッフの健康管理

表3-3　係の内容

真などの配布用記録メディアの準備や事後報告会、学園祭でのポストキャンプ（日帰り）を行っています。

　また、自然体験活動の教育的意義が十分に発揮できるよう、以下の点を大切にするように指導しています。

①各班に2名の学生スタッフを配置し、指導、見守り、健康管理、安全管理を複数の目で見ていく。2名の連携が大切。
②体験学習法に基づく指導法を基本とし、活動をやりっぱなしにせず、ふりかえりを重視する。
③子どもたちが主体的に考え、協力しながら解決策を見出せるような体験活動を基本とする。
④プログラムが進むにつれ、【指導】→【支援】→【見守り】となるような介入を

子どもキャンプ教室の1コマ

3. ワークショップと自然体験活動

目指す。
⑤予定にとらわれすぎず、子どもたちの変化や状況の変化に柔軟に対応する。
⑥セーフティーファーストを大原則とし、安全に関する介入は最優先事項とする。

また、冬季には「雪上合宿」を行っています。この合宿は、3年生が中心となり、ゼミ生3・4年生に加え、次年度のゼミの新入生もむかえ、2月下旬に4泊5日の日程で、新潟県にある国立妙高青少年自然の家を会場に行う、雪上キャンプ実習です。この活動は、学生自身が企画・運営し、学生自身が参加者でもある活動です。そのため、毎年活動が異なりますが、主なプログラムは表3-4のようになります。

この合宿を行うにあたり、学生たちは表3-5のようにさまざまな役割に分かれ、毎週の係ミーティングや全体のミーティング、事前の下見や会場となる自然の家との打合せを行い、自分たちの合宿をつくりあげていきます。

ゼミ生は、夏季・冬季の活動の中で、さまざまな役割を経験します。自然という、気象に左右されやすい環境の中で活動を行うため、さまざまな準備を

日程	プログラム
1日目	テント設営、イグルーづくり
2日目	歩くスキー講習
3日目	歩くスキーツアー
4日目	雪上運動会、雪像コンテスト、スノーシアター
5日目	ふりかえり、片づけ

表3-4 雪上合宿のプログラム

プログラム係	プログラムの企画・運営
マネジメント係	活動に必要な用具の準備・管理
記録係	活動中の写真・動画撮影、アルバム作成
医務係	学生の健康管理
庶務係	会計、各種団体との連絡調整

表3-5 雪上合宿の役割分担

行い、その場その場で状況を判断したり、先を見て活動することを経験します。もちろん、全てがスムーズにいくわけではありません。しかし、このような経験を通し、コミュニケーション能力、問題解決力、自己管理力、チームワーク、リーダーシップなどのジェネリックスキルを身につけていきます。また、組織としてプロジェクトを遂行するための役割分担や、報告・連絡・相談といった情報伝達などについても同時に学んでいます。

雪のテーブルでランチ

　このような経験の積み重ねから、学生たちはワークショップを開催するにあたり、絵本の世界を体感できるような活動の計画や、他のゼミとの連携、幼児対象のプログラムといった条件にも柔軟に対応し、新たな一歩を踏み出すことができたのだと思います。

(8) 幼児期の体験が全ての源

　便利で豊かな社会になればなるほど、面倒なことや手間暇がかかることは排除されていきます。代表的な例がコミュニケーションの方法です。現在、ネットやメール、SNSなどのコミュニケーションツールが開発され、遠くの友人とも頻繁に連絡を取ることができます。しかし、それに伴い、直接会って話をすることや、あいさつなどの文化的作法が疎かになってきています。

　社会が便利になり、機械化、デジタル化していくと、私たち人間もロボットになったような錯覚を感じます。しかし、人間はあくまでも人間です。究極のアナログといっても過言ではありません。人間の知識や能力は、インストールやアップデートによって簡単に成長しません。人が成長するには、面倒なことや手間暇がかかることを、時間をかけて行わないといけません。

　幼児期の体験は、人の成長の第一歩となり、その人の本質にかかわる重要なものです。自分以外のものと接することで自己を確立し、遊びを通して、運動能力を獲得していきます。自然に直接触れることで、感性や五感が発達し、人と直接触れることで、人との接し方やコミュニケーション能力が発達していきます。

これなんだろう？

アメリカの海洋生物学者レイチェル・カーソンは、著書『センス・オブ・ワンダー』[ii]の中で次のように記しています。

> 子どもたちの世界は、いつも新鮮で美しく、驚きと感激に充ち溢れています。残念なことに、私たちの多くは大人になる前に澄みきった洞察力や、美しいもの、畏敬すべきものへの直観力を鈍らせ、ある時はまったく失ってしまいます。
> もしもわたしが、すべての子どもの成長を見守る善良な妖精に話しかける力をもっているとしたら、世界中の子どもに、生涯消えることのない「センス・オブ・ワンダー＝神秘さや不思議さに目を見張る感性」を授けてほしいとたのむでしょう。

この本は、作者とその甥であるロジャーが海辺や森の中を探索し、星空や夜の海を眺めた経験をもとに書かれた作品です。その中で、レイチェル・カーソンはセンス・オブ・ワンダーの重要性を訴えると共に、その感覚が大人になるにつれ、鈍くなったり消滅してしまうことを示唆しています。生涯消えないような感性を育むには、感受性の強い幼児期に多くのことを体験し、多くの刺激を受け、感性を育む必要があります。

自然体験活動は、自然の中で自然を活用して行われる活動で、自然の美しさや雄大さ、神秘性、厳しさなど、さまざまな刺激が直接五感を刺激し、驚きや感動を与えてくれます。子どもたちにとって自然は、先生にもかけがえのない友だちにも成り得るといえます。

また、レイチェル・カーソンは同書で以下のようにも述べています。

> わたしたちが住んでいる世界のよろこび、感激、神秘などを子どもといっしょに再発見し、感動を分かち合ってくれる大人が、すくなくともひとり、そばにいる必要があります。

子どもの感性を育むためには、子どもの思いを共感する大人の存在が大切であり、感じた思いを言葉と結びつけてあげることで感動が生まれるといえます。

幼児期の体験の重要性や、自然体験活動の意義をいくら強調しても、子どもといっしょになって遊び、学びあう大人がいなければ意味がありません。どんなに優れた活動が創り出されていても、それを展開する大人（指導者）の存在やかかわり方によって、活動の成果は大きく変わってしまいます。

このワークショップでは、子どもだけでなく、大学生もある意味参加者です。大人がただ活動を提供するのではなく、大学生が子どものそばに寄り添い、感動を共にすることに、このワークショップの意味があると考えます。人と人、人と自然がダイナミックにかかわり、お互いを刺激しあい、共感できる活動が必要なのではないでしょうか。

（9）ワークショップの成果

①学生の主体的な学び

学生たちは、限られた条件の中で、子どもたちに自然と触れあうことの大切さや物をつくることの楽しさを伝えることを意識し、企画・運営しています。そして、この経験は学びとなり、学生のジェネリックスキル向上へとつながっていきます[iii]。

②絵本が導入であり活動内容

絵本をテーマに用いることで、子どもたちへの意識づけや絵本の世界への導入がスムーズとなり、より効果的なプログラムを行うことができます。そして、絵本の世界を忠実に再現するだけでなく、物語をヒントに発想をふくらませ、絵本の世界観を表現することもできます。

③日々の経験の積み重ね

より効果的なプログラムを企画し、運営していくためには、多くの活動の経験と、活動を企画・運営する経験が必要です。日常よりさまざまな活動を行い、学生たちに多くの体験と学びの機会を設ける必要があるのです。

④子どもたちに魅力的な活動

何より、子どもたちに楽しんでもらえるような魅力的な環境や流れ、かかわり方を考え、実践していくことが、よりよい教育活動の開発や指導者の育成につながっていくものと考えます。

文　献

i. 土井浩信・野口和行・平野吉直・鶴川高司（2003）『自然体験活動の方法（新訂版）』,財団法人日本教育科学研究所.

ii. レイチェル・カーソン著　上遠恵子訳（1996）『センス・オブ・ワンダー』,新潮社.

iii. 瀧直也・仲本美央・槇英子（2012）絵本の世界を体感するプログラム開発,全国保育士養成協議会第51回研究大会発表論文集,280-281.

コラム 手軽にパンを焼いてみよう

ワークショップVでは、パンの生地をのばして、型を抜いてチョコチップで目などを装飾して、ダッチオーブンで焼き上げました。しかし、ダッチオーブンがなくても、アウトドアで手軽にパンを焼くことができます。

◆巻き巻きパンづくり

準備するもの
・パンを巻く棒 or 竹
・アルミホイル
・炭
・竹串（ソーセージに刺します）

材料

【パン生地】
・小麦粉 300g、打粉適量
・卵 1 個
・ドライイースト 8g
・水 230cc
・バター、砂糖（お好みで）

> **お手軽ワンポイント！**
> 市販のホットケーキミックスを固め（水分少なめ）でこねてもOK！

【トッピング】
・ジャム、はちみつ
・チョコチップ

【その他】
・魚肉ソーセージ

手　順

① ボウルなどにパン生地の材料を入れ、よく混ぜあわせます。

② 打粉をふった台の上で15分程度こねます。

> **お手軽ワンポイント！**
> ホームベーカリーで生地だけつくることもできちゃいます。

③ ボウルに入れて約38℃で1時間くらい寝かせ、生地を発酵させます。

④ 炭を熾し、熾火（炎が上がった後、炭が白くなって落ち着いた火）の状態にします。

⑤ できあがったパン生地をひも状にして、棒に巻いていきます。この時、はじめと終わりをしっかりとめること。

※ 魚肉ソーセージに竹串を刺して、まわりに生地を巻くと、お手軽フランクドックのできあがり

⑥ 直火で焦げ目がつくまで焼いていきます。

⑦ できあがったら熱いうちに食べるのが一番おいしい！お好みでジャムやはちみつをトッピングしてもOK。

火を使うので火傷には注意しましょう！

4. ワークショップと情報教育

（1）新たな情報リテラシー

　大学4年間の学士課程教育で何の学びができるようになるのかなど、学びの目標設定が要請されるようになりました。「汎用的技能（ジェネリック・スキル）」とされている①コミュニケーション・スキル、②数量的スキル、③論理的思考力、④情報リテラシー、⑤問題解決力、この5項目は「知的活動でも職業生活や社会生活においても必要なスキル」とされています。

　一方、大学生を取り巻く生活の様子にも変化が起きています。情報通信技術の発展により、学生個人が常に持ち歩く機器で、手軽に、瞬時に情報発信できるようになりました。これまでの情報リテラシー教育とは、文書作成や表計算、プレゼンテーションといったファイル管理の扱いなど、主に技術の習得を中心としたものでした。この情報教育で習得した知識や技能は、社会生活の多くの場面において活用するための基礎となりますが、それを大学生活の中で実感できる機会は意外と少ないと感じています。学生が実際の（社会人）基礎力として身につけるには、初年次の段階で習得した情報リテラシーの知識・技術を、3年次以降の専門課程に継続させ、何度も繰り返し実践できる仕組みづくりが重要なカギとなります。

　デジタル技術を使う場合、コンテンツとはっきりとした目的が必要です。情報のゼミ生たちにとって「絵本」「子ども」「造形表現」「自然体験」は、どちらかというと馴染みの薄い世界です。他学科、他ゼミの研究内容が異なる学生たちと同じ目的に向かい協働作業することで、多くのことに気づき、考えを深め、情報発信していくことは、学生にとって貴重な経験になります。

　ワークショップの企画当初は、絵本の世界を体感するワークショップにどのようにかかわるべきか、情報のゼミ生が加わることにどのような意味や意義がある

のかなど、戸惑いを持った学生も大勢いました。しかし、ワークショップの準備段階からかかわり、他ゼミ生の思いや熱意が伝わると、コンテンツの選択基準や表現の方法に「こだわり」が出はじめました。こだわりを持つと、学生たちは自分で考え、話しあい、調べては試すという、これまでの「知識」を活用する段階へとステップアップしていきました。ワークショップという学びの場は、学生に「こだわり」という学習意欲を生み出すきっかけになったと確信しました。

（2）ワークショップⅣの活動

　ワークショップⅣは言語表現のゼミ生が制作した絵本を、情報のゼミ生がデジタル絵本に変換し、地域の子どもたちと共に「デジタル絵本を楽しむ会」を開催しました。その後、保育園、特別支援学級、劇団という教室外体験学習を通して協働的な活動へと展開していった約1年間の活動をまとめたものです。

　ゼミ合宿で沖縄県立泡瀬特別支援学校を訪問し、デジタル絵本を発表する機会を得られたことが、活動の大きな力になったととらえています。

デジタル絵本勉強会の様子

①デジタル絵本の知識を学ぶ

　2012年8月に、CSE（株）で「デジタル絵本を勉強するワークショップ」を実施しました。学生にとっては、企業を訪問し、企業人の前で発表するという意味でも貴重な経験の場になりました。

　言語表現のゼミ生は、各自が制作したパワーポイントのデジタル絵本の発表を行い、情報のゼミ生（当時3年生）はデータベース化した絵本情報を使い、Web上で絵本の検索ができるシステムへの取り組みについて発表しました。

　その後、企業による「デジタル絵本・教材の現状」の話を聞き、YOUSEEというソフトに出会いました。また、YOUSEEで制作されたデジタル教材が韓国の小学校で使われている事例を知り、日本においてもデジタル絵本やデジタル教

材が、今後あらゆる場面で活用されるだろうという共通認識を確認する場ともなりました。

その際、「白と黒の丸だけで絵本をつくってみて」という課題が出され、言語表現のゼミ生が絵本をつくり、情報のゼミ生がYOUSEEのソフトを使いデジタル絵本を制作するという案が出され、同時に11月の大学祭で地域の子どもたちといっしょにデジタル絵本を楽しむという企画が決定されました。

②デジタル絵本を楽しむ会

準備段階で「デジタル絵本に音声をつけたら」という提案が学生から出され、子どもが読んだ声を録音し、デジタル絵本に声をつける試みが決定されました。

絵本が完成するまでに以下の準備を開始しました。準備を進める過程で自然とファシリテーターの役割を担う学生が出

デジタル絵本制作方法の勉強会

てきました。それぞれの場面におけるファシリテーターが先導し、まとめ、調整していく姿こそ、ワークショップの学びの場だといえます。

◆開催場所の確保（協働）
・図書館を使用する申請手続き。
◆パンフレットの制作と配布（協働）
・保護者の方に趣旨を正しくわかりやすく伝えられる表現で制作。
・地域の小学校・幼稚園・保育園を訪問し、配布依頼。
◆音声録音方法と環境の準備

—ふりかえり—
　録音した音声データを編集しようとしてもできない場合があった。原因は拡張子だと気づいた。拡張子については学習してきたが、こういうことかと理解できた。
　また、コンバーターソフトを使い、変換する方法も経験した。
　大学のパソコンにはインストールできないので、コンバーターソフトもUSBで保存でき、利用できるものを選択した。いろいろな経験は大きな自信となった。

- 最適な録音方法の検討と決定。
- 保存する拡張子の検討と決定。
- 音声編集ソフトの準備。

◆デジタル絵本制作方法勉強会
- 企業による勉強会を実施。
  PDF形式の絵本と音声データを準備し、デジタル絵本の制作方法および発信の方法についての研修。

◆デジタル絵本への変換
- 完成した絵本18冊について担当学生を決め、デジタル絵本制作を開始。
- ページの開け方や表示方法などを統一したフォーマットの決定。

◆開催場所の動作環境の確認
- 開催場所のネット環境およびデジタル絵本の動作状況の確認。

③協働的な活動へ展開

　大学祭での「デジタル絵本を楽しむ会」を終え、学生から「同じ絵本に保育園児の声とプロのナレーターの声など、異なる音声をつけてみては」「特別支援学級の子どもたちと絵本制作の活動をしたい」などの提案が出されました。保育園、劇団、特別支援学級での活動へとひろがるワークショップとなり、言語表現のゼミ生とが協働的に活動することにな

りました。

◆保育園および保護者への理解と依頼
- 保護者宛てに文書を作成し、録音へ

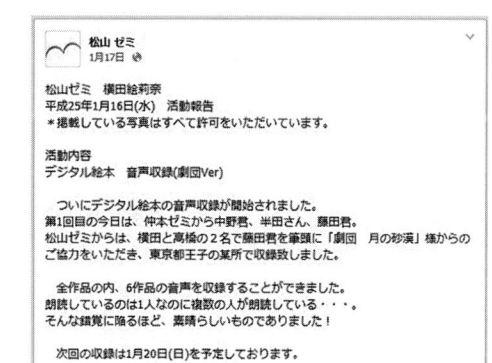

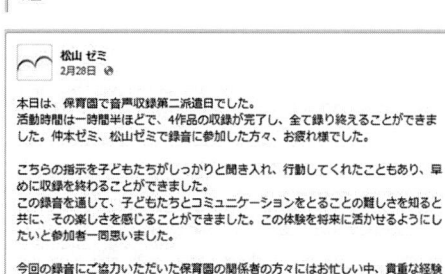

図3-7　情報の共有（録音活動報告）

の理解を得る。活動曜日や時間帯を保育園と相談して決定する。

◆プロのナレーターへの録音依頼
　・劇団「月の砂漠」に交渉し、録音の依頼を行う。

◆特別支援学級での活動依頼
　・大学付近にある千葉市立松ケ丘中学校の特別支援学級に交渉する。
　・開始時期や活動曜日、時間帯、活動方法などを決定。

◆両研究ゼミ生の情報共有の場
　・SNSの環境の準備（図3-7）。図3-7の上の図はSNSの開始時、下の2つの図は劇団、保育園での録音活動内容を報告したものです。自分たちの打合わせなど、連絡用のSNSと記録用としてのSNSとを分けて利用しました。

④特別支援学級での絵本制作活動

　千葉市立松ケ丘中学校の特別支援学級で補助員のボランティア活動をしている学生から、特別支援学級で絵本制作の活動をしたいとの申し出があり、週2コマ×3日間の協働活動が決定されました。ページは1人基本5枚とし、色の使用は自由としました。両ゼミ生が絵本制作へ

「つり」：お父さんと釣りに行き、大きな魚が釣れた事を表現した絵本。

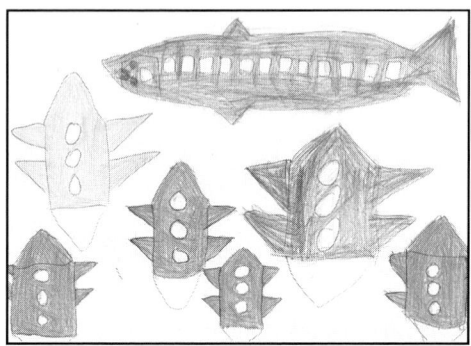

「ねこさんひげ」：たくさんのネコとロボットが出てくる色彩豊かな絵本。

「ずーっと一緒にいる友だち」：仲のよい友だちといると時間はあっという間に過ぎていく。大切な友だちを描いた絵本。

のアドバイスとしてかかわり、情報のゼミ生は完成した絵本を画像として読み込み、希望者は録音して音声つきのデジタル絵本として、全部で14のデジタル絵本が完成しました。

　第1章で絵本『無限のいのち』の紹介をしましたが、他にもすばらしい絵本がたくさんできあがりました。色使いにこだわった作品、非常に緻密で正確な絵の作品、いつもは見せない心を表現した作品など、両ゼミ生にとって考えさせられる絵本ができあがりました。

⑤沖縄県立泡瀬特別支援学校の訪問

　情報ゼミ3年生はiPadなどの情報機器を授業の中に積極的に取り入れている泡瀬特別支援学校を訪問し、その活用方法を見学したいと考えました。この訪問が、これまで制作してきたデジタル絵本

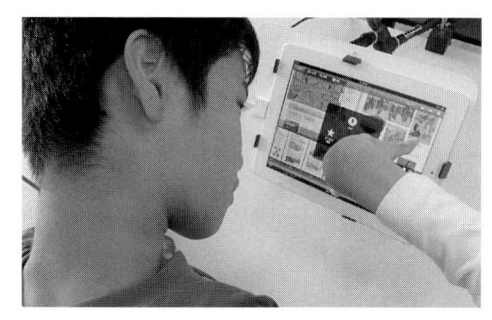

中学部の新垣晴也君。iPadを使うことでページをめくり、教科書を一人で読めるようになり、できる喜びを感じ、意欲的に学習に取り組めるようになりました。

を発表する場となりました。

　泡瀬特別支援学校では、授業で使う教科書をPDFに変換してデジタルブックとして利用しています。体が思うように動かせない生徒でも少し触れるだけでページをめくれる、また拡大表示ができるなど、自分で思うような操作ができる点が大きな励みとなります。

　しかし、画面の該当箇所に触れないと

―ふりかえり―

　経験が不足しがちな障がい児にとって、作業するということはとても刺激になる。既存の素材をデジタルにすることより、自分自身でつくった作品がデジタル化され、皆の心を癒すことができるという体験はとてもよいと考えた。

　最終日に小さな発表会を行った。クラスメイトが制作した絵本を高い関心を持って読んでいた。絵本を制作した本人も評価されることで絵本づくりにさらに関心が高まったように感じた。

ページをめくれないという難点もあります。

　そのような場合、先生方は身近なものを工夫して、生徒一人ひとりの実態にあわせた補助具を手づくりしています。デジタル絵本を制作する場合も、見る側の立場に立って工夫して制作していくという課題を得ることができました。

⑥成果報告会までの活動

　約1年間のデジタル絵本制作活動の成果報告会を4月末に開催することにしました。言語表現のゼミ生と情報のゼミ生（3・4年生）で総勢85人となり、お客様を含め約150人を想定しての打合せがはじまりました。一つの目標に向かい、各自の役割を果たせるかが課題となりました。

　大きく分けて、4年生はこれまでの活動報告のプレゼン準備、3年生は会場設定や昼食会の準備と決定しました。

　全体の企画は両ゼミのゼミ長、副ゼミ長などを中心とした執行部が中心となり、以下の準備が開始されました。

◆開催場所（決定と申請）

読みやすい文書になるように
言葉の改行箇所の修正

　―ふりかえり―
　特別支援学校を訪問して多くのことに気づくことができた。デジタル絵本を発表して、次のような意見をいただいた。「白と黒のような絵本は、情報量が多すぎないという点で特別支援学校の生徒にはとてもよい（ただし、適切な情報量は生徒個人によって異なるので配慮が必要）」。見やすいフォントの選択とページ内の文字の位置や大きさの大切さを学んだ。

◆お客様への通知と参加人数の把握
　学外招待者の決定
　往復はがきの作成と投函
　学内招待者の決定
◆役割分担の決定
　前日と当日の役割
　昼食会の内容と予算の決定
◆プレゼンの内容
　・デジタル絵本について
　・デジタル絵本を楽しむ会
　・保育園での活動
　・劇団での活動
　・松ケ丘中学特別支援学級での活動
　・泡瀬特別支援学校の訪問

　新年度から加わった３年生には完成した絵本（32冊）について、各３部ずつ印刷して製本する作業を役割に加えました。いつ、どこで、どのように製本を進めていくかについて、意見を出しあう最初の場となりました。

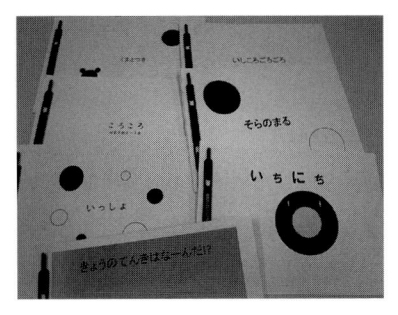

製本された絵本

（３）ワークショップⅤの活動

　言語表現ゼミ、造形表現ゼミ、野外教育ゼミ、情報ゼミ、の共同で『カラスのおかしやさん』の絵本の世界を体感するワークショップに取り組みました。
　情報ゼミは他ゼミ生がワークショップに取り組む姿や当日の流れを取材して記

―ふりかえり―

　ゼミ生同士が仲間へと変化し、目標は確実に近づきました。当日まで準備が整わず、焦る気持ちと、お客様へ迷惑をかけないようにという気持ちに支配されてしまった。皆さんともっと会話をするべきだったと反省しています。しかしすばらしい体験となりました。

　絵本をデジタル化するという発想は画期的でした。広く知れ渡り、大勢の方に関心を持ってもらえると嬉しいと思いました。

録ムービーを制作するという役割です。言語表現ゼミ、造形表現ゼミ、野外教育ゼミ別に取材を進め、ゼミごとのムービーを制作する他に、前日と当日のワークショップ全体の流れをムービーとして仕上げていくことを決定しました。

ムービー制作にはMicrosoft社のWindows Liveムービーメーカーを利用しました。大学と自宅など、どのパソコンにも無償でインストールされているソフトであったことが選択理由です。

◆顔合わせ

情報のゼミ生が準備から当日までの様子を取材し、記録をとりながら最終的にはムービーに仕上げていくことを説明し、互いの連絡先を確認。

◆取材方法の決定

他ゼミ生は共通の空き時間で打合わせや準備を行うため、その時間にあわせて取材可能な人材を選択。

ムービー発表を終えて

◆ムービー制作の環境確認

学生個々の機器で撮影した画像や映像が対応しているか、対応していない場合はコンバーターソフトの選択と利用方法の確認など、すぐに制作に取りかかれる環境の準備。

①ムービー用の取材活動

ムービー担当の3年生は、前期のゼミで用意された画像を使ってムービーを制作した経験がありますが、コンテンツから準備することははじめてです。しかし、

—ふりかえり—

他学科との協働活動では、時間の調整の難しさが多いという点に気づかされました。もう少し早い時期からかかわれたらというのが反省点です。取材できない場合は、他ゼミの人が撮影したものを送ってもらうなど、お互いのきめ細かい連絡が必要だと思いました。

上級生が制作したムービーを幾度となく見たことが生かされ、違う角度からの撮影や効果音の検討、また取材中に感じとった雰囲気からムービー全体のイメージカラー、バックで流す音楽などの構成を組み立てていくことができました。

---ふりかえり---

　私はサークルなどにも所属していないため、他学科の人と接する機会がほとんどないので、協働活動がとてもよい刺激になった。福祉とはまた違う考え方や価値観を見ることができた。子どもたちと接することに慣れていて、子どもと話す時はしゃがんで目線を合わせたり、優しい言葉遣いで子どもたちの緊張感を解いていた。福祉学科では、高齢者対象の授業が多いため、また新しいコミュニケーション法を学ぶことができた。

　はじめは、取材班としてのかかわりであったが一生懸命やっている他ゼミの様子を見たことで、「ここでの努力をムービーとして残したい」、「みんなの生き生きとした様子を目に見える形にしたい」という気持ちになっていった。私たちができることは準備段階から当日までの内容をムービーにすること。自分たちが情報系ゼミに入ってできるようになったことを活用して、他ゼミの活動をムービーという形で残せることは、とても喜ばしいことだと感じるようになっていった。このように協働活動を通して、全く異なる内容を学んでいるゼミであっても、それぞれが学んだことや取り組んだことを集結させることで、互いにいい刺激を受けることができるということに気づいた。

　最初は、他ゼミの中に入り、何をしていいかわからず戸惑っていましたが、このような場面はこれから社会に出たら沢山あると思います。そこで、いかに積極的に活動に参加できるかが試された活動だったように感じました。

　ムービーの発表で、他ゼミの先生や友人、先輩方が喜んでいる様子を見て、もっと積極的に取り組めばよかったと思いました。
　発表するまではとても緊張したのですが、発表が終わってみんなの笑顔を見て、とてもよい機会を得たと思いました。

②ムービーの発表

後日、ワークショップ打ちあげの際に完成ムービーの発表を行いました。情報ゼミにとって、他ゼミ学生の反応を確認できる場であり、新たな反省や取り組みへの課題が発見できる場となりました。

（4）知識を自信へと導く

情報ゼミでは、これまでも他ゼミ生が調べてまとめた絵本の情報を、エクセルでデータベース化し、読みたいと思う本を年齢やさまざまな目的により検索できるシステムの構築などに取り組んできました。しかし、実際にWeb検索システムを利用するユーザーがいないなどの理由からゼミ内での活動に留まり、学生にとって次へのモチベーションにつながりにくいという課題がありました。

ワークショップの活動には、研究目的が異なる他ゼミ生との協働作業、学外における活動許可の申請、保護者の方への協力要請といった対外的な交渉など、通常の情報ゼミの授業では経験できないことが数多く含まれています。これらの経験を積み、他ゼミ生からの刺激を受けることで、「こだわり」を持った学生は新たな技術を試行錯誤しながら学習するという意欲につながり、完成することで大きな自信となりました。

また、同じ目的に向かい、デジタル絵本の制作や音声の編集などを1人1台のパソコンで作業をするからこそ、明確な目的と共通した情報を持つことの大切さを学生は学びました。

―ふりかえり―
　ただ、ムービーをつくればよいと思うのではなく、「自分たちにしかつくれないムービーをつくりたい」と思った。
　他のゼミの人たちが楽しそうに一生懸命活動していたので、私も何かに一生懸命になりたいと思える、いい刺激を受けた。そして、子どもたちの笑顔を見ることができ、もっとこのようなイベントをすれば私たちも、子どもたちもいい経験ができるのではないかと思った。
　これらの技術を子どもや地域、高齢者や障がいを持っている人のためにどのようにして使っていったらよいかを、改めて考えるようになった。

（5）情報ゼミ学生の成果と課題

　ワークショップは学生だけでなく、参加した子どもや大人にも多くの経験を与えてくれる場となります。知識として理解していることでも、実際に触り、体験すると、さまざまな「気持ち」を思い出し、気づくことで改めて考える機会となります。

　パンフレットを作成している学生から「今までは、誰に向けた文書やグラフなのかを意識してつくっていたかな？」という声がしました。一般的な文書を作成する技法は知っていても、文字の大きさ、配置、色使い、表現方法などを「読み手」を意識して「工夫・追求する」ことで、同じ文章でも違う文書になることに気づきました。

　声の録音・編集を進めている学生グループは、ノイズ（雑音）をより少なく録音するには、子どもの緊張を和らげるにはなど、環境を「工夫・追求する」ことの大切さに気づきました。ムービーを制作する学生は、それぞれの活動をより具体的に、より臨場感を出すにはなど、メディアの選択や表現手法を「工夫・追求する」ことの重要さに気づきました。これらは本当に小さな「気づき」ですが、何度か経験することで、「より」よいものを追求しようとする「こだわり」が出てきたことは大きな成果です。動画一つとっても、さまざまな種類のファイル形式があります。「この動画を是非使いたいけど編集できない」といった場面では、教員に聞く前に自分たちで解決方法を調べ、試行錯誤しながら作業をする姿勢が身につきました。さらに、このように取り組む姿勢や完成作品を見ることで、他の学生も刺激され、思いを共有することができました。

　情報ゼミの活動は、絵本の制作を待ってデジタル絵本を制作する、他のゼミ生の活動にあわせて記録するなど、受け身の活動になりやすいと実感しています。たとえば、「からすのおかしやさんのワークショップ」では披露宴会場で撮影したものを記念写真として参加者にお渡しできたら、「より」思い出に残るワークショップになったのではないか、という反省点があります。情報ゼミとしてワークショップのどの部分を「工夫・追求する」ことでかかわっていくかを検討し、提案していくことが課題であり、そのことが新たな連携へとひろがれば「より」よいことです。

コラム　ムービーを制作してみよう

　ムービー制作用のソフトとして利用したWindows Liveムービーメーカーは、保育士や幼稚園教諭などを目指す学生にとって、必需品となります。クラスのムービーを手軽に制作することができるだけでなく、友だちの結婚式の余興用、家族の思い出用などにも活用できるソフトです。ここでは利用する際のポイントと注意事項を挙げていきます。

図3-8　ムービーメーカーでファイルを読み込んだ状態

◆利用方法

　Windowsが搭載されているパソコンであれば、無償で利用できます。インストールされていない場合は、ダウンロードすると利用できます。

　起動し、右側の領域に静止画像や動画をドラッグすると図3-8のようになります。上段3枚は静止画像、中段3枚は動画です。動画は一部分をカットして使うこともできます。また複数の音楽を設定して音楽と共に映像を流すこともできます。タイトルやクレジットを追加する機能や画像領域への文字入力、画像切替えのアニメーションもあります。制作したらムービーで保存します。

◆画像ファイル、音楽の読み込み

　ビデオカメラやスマートフォンから、画像や音楽を読み込むことが可能です。USBでパソコンに接続し、利用するメディアを一度パソコン本体にコピーしてから利用するのがポイントです。

◆編集途中で保存する場合

　プロジェクトとして保存します。

◆編集の続きを行う

　編集するプロジェクトは、パソコン本体に保存されてないといけません。USBなどに保存した場合でも、一旦デスクトップなどにコピーしてから編集を行います。

> **ポイント！**
> 制作ムービー用のフォルダを用意します。ムービーに必要な素材（画像・音楽など）全ては、このフォルダにコピーし、フォルダに保存した画像をムービーメーカーに読み込ませる方法でムービーを制作してみましょう。

第4章 絵本の世界を体感するワークショップがつなぐもの

　「絵本の世界」をテーマとした大学発のワークショップの実践は、その可能性の豊かさを示したものであると自負しています。本章では、「絵本の世界」を取りあげ、ワークショップという参加体験型の形式を試みたことで、いかに豊かな連携が生まれ、ひととひと、ひともの、ひとととをつなぐものとなったかを具体的に述べます。
　また、こうした「大学発信型ワークショップ」は、これからますますひろがっていくことが考えられます。他大学でのさまざまな取り組みを取りあげながら、その可能性について考えていきたいと思います。情報の共有は連携への勇気を与え、新たな実践の手がかりとなることでしょう。

1. 絵本の世界がつなぐ"ひと・もの・できごと"

「絵本の世界とは何か？」について、改めて考えていくと、多様なとらえ方が浮かびあがってきます。つくり出されたものとして「絵」と「文章」という構造で表現された世界をとらえるだけでなく、想像をひろげる世界、空想的な世界、仮想的な世界などといったように、心の中に生み出され、ひろがる世界というとらえ方もあります。

目の前の子どもが絵本を読み終えた後の姿からとらえると、子どもは絵本の世界を自分の内的な部分へ取り込み、目に見えていない世界を現実的な見える世界へ投影させていることに気がつきます。絵本の主人公になってごっこ遊びをしてみたり、絵本に出てくるちょっとした言葉のフレーズを真似てみたりします。森の中を歩いていてまるで物語の冒険世界を旅しているような気分を楽しんだり、目の前にあるものを使って絵本に出てくるものをつくってみたりもします。絵本を楽しんでいた子どもであれば、必ずといってよいほど、絵本の世界を楽しみ、さまざまな体験をしたことがあるはずです。この体験こそが、絵本の世界が子どもの心の中に生み出され、ひろがる世界が表現されたことを意味します。

このように、絵本の世界は、現実世界の"ひと・もの・できごと"をつなげる不思議な力を持ち備えています。子どもが絵本を楽しんだ時ほど、現実世界でも起こりうる可能性を模索していく姿がみられます。絵本の世界は、子どもたちが楽しむ要素がありながらも新たな感情や言葉、イメージ、もの、できごとを生成するという特質を持っているということです。

脇（2008）は、著書『物語が生きる力を育てる』の中で、「子どもの成長には

実体験が何よりも大切ですが、物語による仮想体験にも、場合によっては、実体験では不足するものを補う大きな力があります」[i]と述べています。このことからもわかるように、子どもが絵本の世界を通して感情や言葉、イメージ、もの、できごとを生成する力を養うということは、その後の生きる力になるのではないかと思うのです。

　ワークショップⅠでは、『14ひきのひっこし』で登場する竹を運ぶ場面を再現するため、子どもたちの前で竹を切り倒しました。それらの竹を子どもたちと共に運んでいる時、一人の子どもが「ねずみが通りますよ」という言葉を発しました。その瞬間から、子どもたちは「14ひき」になったかのような一体感が生まれ、「よいしょ、よいしょ」とかけ声をかけあいながら運び出しました。さらに、運び終えた後には、どこからともなくカンカンと竹と竹とが合わさった音が聞こえてきました。子どもが学生たちといっしょにつくった竹の箸をスティックに見立てて、運んできた竹を叩きはじめたのです。その楽しげな様子に他の子どもたちも叩きはじめ、竹に囲まれた寺の庭に竹による合奏の音色がひろがりました。

　この場面における子どもたちの様子は、まさしく絵本の世界を通して感情や言葉、イメージ、もの、できごとを生成する力を養っていたと言えるでしょう。また、一連の流れから「ひと」と「ひと」がつながっていったことがわかるのではないでしょうか。

　『保育所保育指針解説書』の第3章保育内容言葉の⑪絵本や物語などに親しみ、興味を持って聞き、想像する楽しさを味わうには、「心の中に描いたイメージを言語化したり、身体表現など様々な表現に結び付けていく機会をつくっていくことが、想像する楽しさを膨らませていきます」[ii]という解説文があります。この一文からもわかるように、"ひと・もの・できごと"がつながる絵本の世界を体感するワークショップ内で生み出されたイメージの言語化や表現活動は、子どもたちの成長・発達を支える一助となっていたことを意味しています。

文　献

i. 脇明子（2008）『物語が生きる力を育てる』，岩波書店．
ii. 厚生労働省編（2008）『保育所保育指針解説書』，フレーベル館．

2. 連携（つながり）から生み出されたこと

ワークショップの参加者各自に生まれた気持ちや行動をより深く共有しあえるようにするために、私たちはワークショップ立ちあげの段階から現実世界にある"ひと・もの・できごと"がつながることにもこだわりました。それが、学生、子ども、保護者、教員、企業の人々という"ひと"であったり、ふれあう素材や自然、場という"もの"であったり、言語・造形・音楽などの表現活動やごっこ遊びといった"できごと"であったのです。

言語・造形・音楽などの表現活動やごっこ遊びがつながるということについては、第3章でそれぞれの専門領域から具体的な方法を示してきました。ここでは、ワークショップでつながりを持った地域、企業、専門的知識のある人や場、特別支援学級、保育園、劇団、大学内との具体的な連携方法とその意義について示します。

（1）"ひと"と"ひと"がつながる

絵本の世界を体感するワークショップでは、絵本の世界を通して"ひと"と"ひと"がつながることを一つの目的としました。もちろん、学生たちと子どもたちの絵本の世界がつながる時は、子どもそのものの気持ちや視点を持つことはできません。しかし、絵本を読みあうことによって、子ども特有の絵本の世界の感じ方や物事の受け止め方に気づき、互いに生まれた気持ちや行動を共有することができます。一般的な言葉で言い換えるならば、これが「共感」という経験なのではないでしょうか。

絵本の世界を体感するワークショップ

さぁ、いっしょに歩きだそう！

2. 連携（つながり）から生み出されたこと

最後までいっしょにいようね

では、ワークショップにかかわる全ての"ひと"にこの「共感」が生まれていました。なぜなら、ワークショップという多様な"ひと"がかかわりあう学びの場であり、随時起こっているできごとが、1対1または決まった相手との限られた関係だけでは終わらなくなるからです。互いに向きあい、「共感」しながらの歩みを繰り返していきます。その「共感」の繰り返しはやがて、どのような立場の"ひと"でも一人ひとりが「育てるもの」と「育つもの」という二者の関係で成り立つのではなく、「育ちあうもの」という多数で対等な関係となってつながっていくことになるのです。

左の写真は、ワークショップⅤにおける（左から）学生と子ども、保護者の様子です。楽しい活動が終わり、帰りたくなくなってしまった子どもと最後まで共に過ごした学生が靴を履いている様子を、保護者が傍らで見守っています。この穏やかでゆったりとした時間を過ごしている三者は、まさに、「楽しい時間を過ごせてよかったね」と共感しているといえます。"ひと"と"ひと"との温かな関係性が成り立ち、育ちあっています。

（2）地域との連携

地域の中で生活する親子や学生が身近

ワークショップⅡに参加した保護者　千葉弘明さん（千葉市在住）

はじめての場所に少し緊張していた3歳の娘は、会場に入るなり担当の学生の方に温かくむかえ入れられたことで緊張が解れ、すんなりと絵本の世界に入っていきました。娘は、『ぐりとぐら』の絵本を再現した世界で「ぐりとぐら」に変身したり、タマゴカーを制作したり、竹林の中で絵を描いたりと、あたかも自分が絵本の中にいるような気持ちで活動を体験していました。最後は手づくりバウムクーヘンを口いっぱいに頬張り、心もおなかも十分に満たされ、楽しいひと時を過ごした様子でした。

な場所への興味・関心や親しみを持つ機会となるように、ワークショップの開催場所を図書館と共に大学周辺の大巌寺の場を中心として展開することにしました。地域施設との連携を図るだけでなく、大巌寺の檀家である人々との交流を通じて、学生が企画を実施していくために必要な地域の特色と、その場にある自然に関する知識の学びを深めました。

さらに、ワークショップと公開講座開催にあたり、後援団体として地域の子どもたちが関係する千葉市民間保育園協議会、千葉市幼稚園協会、千葉市教育委員会の後援を受けて開催しました。このことにより、

大学裏手にある大巌寺

より地域住民の関心が集まり、賛同が得られる中での開催に至り、地域の中で

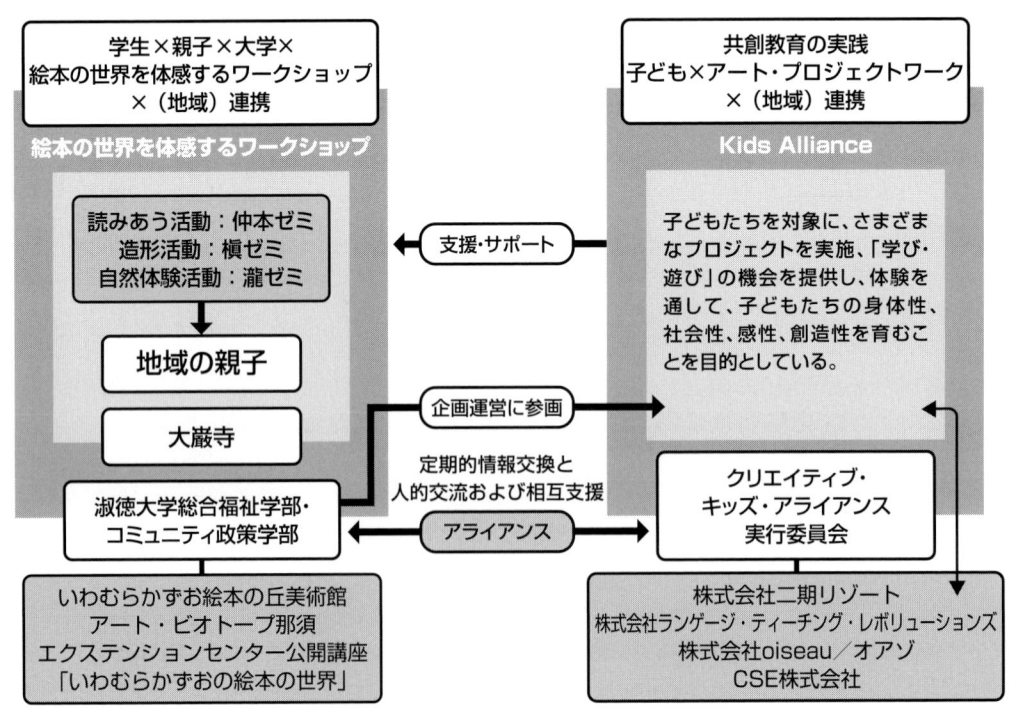

図4-1 連携から生まれる学びの関係図

146　第4章　絵本の世界を体感するワークショップがつなぐもの

のワークショップ開催の認知度が高まりました。

（3）民間企業との連携

絵本の世界を体感するワークショップの企画者の1人である仲本は、ワークショップの開催に向けて学生たちの学びを取り巻く要素の一つである「社会」の視点を深めるためには、民間企業の協力の必要性を感じていました。このワークショップの経験を学生たちの視野をひろげるきっかけにしたいと考えていたからです。

そこで、普段から教育に関する情報交換をしていた4つの企業の方々と話しあい、地域において子どもたちを対象としたさまざまなプロジェクトを実施して、「学び・遊び」の機会を提供し、体験を通して、子どもたちの身体性、社会性、感性、創造性を育んでいくことを目的とするクリエイティブ・キッズ・アライアンスという民間団体を立ちあげました。

絵本を体感するワークショップは、図4-1に示されるように企業が参画す

デジタル絵本のワークショップにおける産学連携の意義

CSE株式会社　代表取締役　岡 ベラ

　弊社は、どのようなデジタル教育が子どもたちに有益であるかを常に現場の先生、母親、そしてなによりも子どもたちの声をもとに、技術は開発されていくべきであると考えています。学生の皆さんと協働したデジタル絵本のワークショップは、そんな当事者の声が生み出される機会となりました。特に主体となって活動した学生一人ひとりは自らのメッセージをアウトプットしていく実践の場として、デジタル絵本を出版しました。読者に対するメッセージを自分で絵を描き、言葉を添え、編集をし、デジタル編集まで行います。そして、できあがったデジタル絵本をウェブサイト上で共有し、実際に、子どもたちに読み聞かせて反応をみて、それを元に反省する点、改善する点を見つけていくのです。これらの繰り返しによって、コミュニケーション・スキルはもちろん、総合的な学習経験、創造的思考力が生まれていくと思われます。子どもたちにわかりやすい最も簡単な言葉でメッセージを伝えていく力を養うこと、これらを支える仕組みとしてデジタルはまだまだ活用できる余地があると信じています。

るこの民間団体クリエイティブ・キッズ・アライアンスとの連携を図ることで、学生が主体となって企画を実施していくにあたり、各種関係企業の所有する各種施設・人材・技術・運営窓口が提供されました。学生たちはこの企業の協力の中で、多くの学びを得ることができました。大学と企業は協働的にワークショップ開催までの事前準備をしながら、学生の学びの過程と企画開催までの過程をつくりあげていきました。

（4）専門的知識を深める場や人との連携

『14ひきのひっこし』をテーマとしたワークショップ開催にあたり、学生各自のいわむらかずお先生の絵本の世界を感じ、理解を深めるため、2010年9月12日に那須塩原にある「いわむらかずお絵本の丘美術館」を訪問しました。いわむら先生の絵画作品を鑑賞するだけでなく、いわむらかずお先生からの直接講義を受けることで、作家の絵本制作に対する考え、子どもへの想い、作品それぞれの内容などへの理解を深める機会となりました。

さらに、同日、クリエイティブ・キッズ・アライアンスの一部関連団体であるアート・ビオトープ那須を訪問し、竹工芸職人から竹細工のつくり方の講習を受け、その技術を習得しました。さらに、この研修には学生たちだけでなく、連携している企業の方も参加していました。学生たちにとってこの日の活動は、ワークショップ前の実質的な研修となりました。学生たちは自然とさまざまな意見を交わす機会を得ることができ、「社会」への視点をひろげることにもつながりました。

工房や宿泊施設も完備したアート・ビオトープ那須

「人」「文化」「社会」がつながる学び

株式会社二期リゾート　取締役　北山　美優

　アート・ビオトープ那須は豊かさあふれる土地に位置します。その土地の自然や歴史は本当にたくさんのことを教えてくれます。近代化の過程で、たくさんのことを失ってしまった私たちですが、場所の記憶をよみとき、自然と共に「技術」を磨く、ということにもう一度向きあうことはとても大切です。今後の社会を担う若者たちに、体験を通じてそのようなことを感じていただけたらと願い、私たちはワークショップに参画しました。また、一つの小さなケースとして「企業」が実際どのような理念、ミッションを持ち、地域や社会とかかわりあっているのかということを「情報」としてだけでなく、リアルに感じていただきたいと考えました。社会の中では、どんな形であれ一人ひとりが「クリエイター」・「発信者」としてかかわることになるわけです。特に「福祉」や「教育」という専門的な職業に志をもたれている皆さんには、さまざまな視点で「文化」を捉え、常に心豊かに保護者の方や子どもたち、そして取り巻く人々との関係を、築いていただきたいと願っています。

命の吹き込まれたデジタル絵本を創り出す

劇団月の砂漠　代表・脚本家　増田　信

　私たち劇団は、デジタル絵本の協同制作者として絵本を朗読し、その声を吹き込む作業に参加させていただきました。我々は、収録に当たって、二点、注意したことがありました。一つは、幼い児童でも十分聞き取れるよう、ゆっくりはっきりと喋ること。もう一つは、物語の意味をまだ理解出来ない幼児でも楽しめるよう、明るく、優しく、読むこと。この２つを注意事項としたことには理由があります。今回の「台本」すなわち学生たちが書いた絵本のストーリー世界に、非常に心を打たれるものがあったからです。生命誕生の尊さを描いたものから、身近な環境を見つめたものまで、その作品の大半が、純粋な優しさに満ちていました。気恥ずかしさを承知で言えば、愛、というフレーズになるでしょうか。子どもたちへの真っ直ぐな愛を、強く、やわらかく、感じることができました。そんな学生一人ひとりの素敵な作品に私たちの新たな声という命を吹き込みました。このデジタル絵本を聞いてくれた子どもたちが、沢山の笑顔を見せてくれたら、嬉しい限りです。

（5）特別支援学級との連携

　本学には社会福祉を学びながら教職課程に属して特別支援学校教諭を目指している学生がいます。ワークショップの活動で、デジタル絵本とかかわる中、この思いを特別支援学級の生徒たちと共有できないかと考えはじめました。障がいを持ち、自分の感情を上手に表現できない子どもがその思いや感情を絵として表現できるのではないかと思ったからです。

　現在、障がいを持つ子どもにとって地域社会の中で活動しながら相互理解を図ることが重要であるとして、学校内だけでなく、学校間、居住地との交流が実施されはじめています。特別支援学級で活動する場合、障がいの状況や、一人ひとりの特性をある程度把握し、子どもとの信頼関係がないとよい効果は得られません。そのため、学生が1年次からボランティアとして参加している、大学の近隣の千葉市立松ケ丘中学校に趣旨を説明し、保護者の許可を得て、絵本制作の活動を開始しました。特別支援学級の子どもたちは思い思いのストーリーを考え、絵を描き、熱心に色を塗り、楽しんで取り組み、絵本が完成した時は本当に満足そうでした。言語表現ゼミと情報ゼミの学生は互いの得意分野を発揮し、活動することができました。作品には、なりたい自分の姿、思い出、いのちについてなど、普段忘れがちな「感謝」の気持ちや友だちへの「思いやり」が、素直な言葉で表現されており、学生にとって気づきの多い、素晴らしい学習の場となりました。また、参加した学生が子どもとのかかわり方に戸惑いながらも自分たちの気持ちをすりあわせ活動できたことは、大変貴重な経験となりました。

千葉市立松ケ丘中学校特別支援学級担任　藤原 裕美子先生

　生徒たちは何を描いたらよいか戸惑っていたようですが、「自分の好きなものを描いてみたら」などとアドバイスを受けると、思い思いに描きはじめました。細かいところまでじっくりと描き込む生徒、何枚もどんどん描く生徒と、それぞれの個性が見られました。自分の描いた絵が一つのお話になったときの、生徒たちの輝いた表情がとても印象的でした。すばらしい体験ができました。ありがとうございました。

（6）エクステンションセンター・サービスラーニングセンター

絵本の世界を体感するワークショップの開催に向けて、まず、大学内の学部をまたいだ企画として大学各部局に対する理解を求めた結果、賛同を得ることができました。

さらに、大学が開催する学びの場の構築として、絵本を地域の子どもや学生と共に楽しむだけでなく、絵本を子どもたちに与える保護者や保育者にもその素晴らしさを理解してもらおうと、いわむらかずお先生の講演を同時に企画しようということになりました。学内の地域支援ボランティアセンター（現：広報・地域支援室）とエクステンションセンターがこの企画に賛同し、エクステンションセンターの公開講座として共同主催することになりました。

ワークショップの申し込み、問い合わせの窓口は、学内のサービスラーニングセンターと連携して行いました。サービスラーニングセンターとは、学内外と連携し、学生のサービスラーニングという、教室における学習と、地域で行われる有意義な活動を組み合わせた学習方法を実践、支援するセンターです。

募集要項に必要事項を記入し、サービスラーニングセンターへＦＡＸにて申し込みをしてもらいました。また、参加に関しての問い合わせなどについては窓口を一本化し、サービスラーニングセンターにお願いしました。しかし、センターでは活動の詳細までは把握しきれていないため、問い合わせに対する返答は担当の学生から折り返し連絡をするようにしました。

（7）図書館・大学祭・教員間

絵本の世界を体感するワークショップは、主に大学の学園祭である「龍澤祭」の期間中に行いました。学生主体の実行委員会と連携し、場所の確保や時間の調整などを行いました。また、ワークショップの内容から、実行委員会推薦の「本部推奨企画」として認定いただき、龍澤祭のパンフレットでも大きく取りあげていただきました。

また、その中心的な開催場所として淑徳大学附属図書館に協力を得ることにしました。ワークショップ当日は、図書館入口に受付を設置し、図書館内で読みあい活動を行うことができました。また、

図書館内にワークショップで取りあげた絵本の特設コーナーを開設していただきました。

　ワークショップを行ったゼミの教員は、同一キャンパスではありますが、所属学部・学科が異なります。打ち合わせを行うにしても、授業の関係で時間や場所の調整が難しい面もありましたが、電子メールを有効活用すると共に、研究室や図工室を活用することで効率よく打ち合わせを行うことができました。また、毎年、ワークショップの立ちあげと打ちあげの際は、教員とゼミ生が一堂に会し、意見交換やふりかえりを行うなど、教員も学生も強い絆で団結し、ワークショップを行うことができました。

ワークショップ会場見取図
図書館および図書館前のエリアと自然豊かな大巌寺エリアとを移動し、両所の特徴を生かしさまざまな活動を行いました。

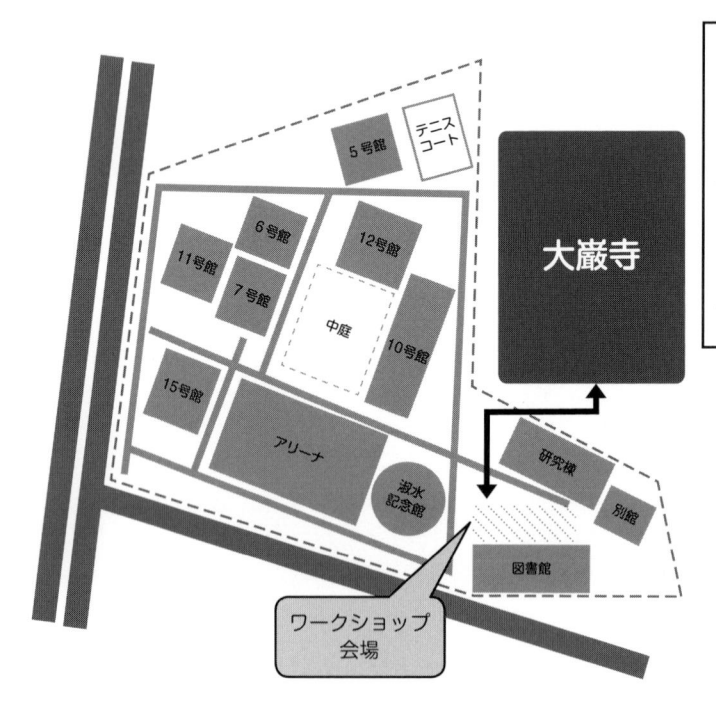

図4-2　淑徳大学千葉第1キャンパス全体図

3. 大学発ワークショップのひろがり

　ワークショップが、知識伝達ではない新たな学びのスタイルとして注目されていることはすでに述べたとおりです。ここでは、実際に大学において取り組まれている実践例を紹介します。

　本学の取り組みの位置づけを分類し、略図上に示してみました（図4-3）。この図からも、大学でのワークショップの可能性が、大きく開かれていることがわかります。今後の新たな展開が楽しみです。

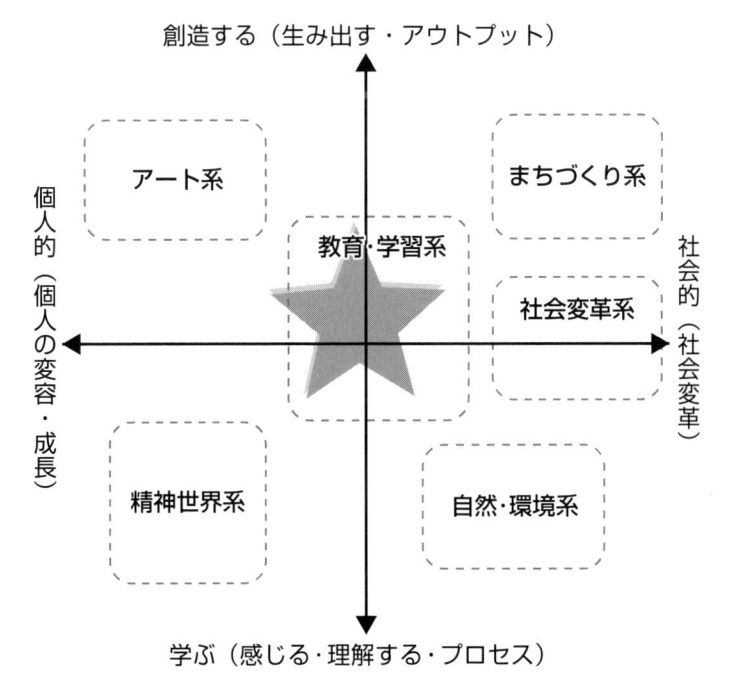

図 4-3　ワークショップの分類上の本実践の位置づけ
（中野民夫『ワークショップ─新しい学びと創造の場』岩波新書，2001年，p.19を元にして作成した概略図）

(1) 聖徳大学：大成ゼミ

聖徳大学児童学部児童学科の大成哲雄先生の大学での専門は美術教育で、地域とアート、コミュニケーションとしてのアートを研究しています。学生とは、主に子ども対象のプロジェクトやワークショップを企画、実践しています。大学には、生涯学習研究所が設置されており、学校全体で地域との連携が推進されています。

これまで学生たちと共に実施したアートワークショップの内容はたいへん豊富です。その代表的な活動の一つ「アートパーク」は、大学発というより、地域連携型という方が適切かもしれません。このアートプロジェクトは、毎年近隣の公園で2008年から継続して開催されており、この夏（2013年）の親子の参加者数は1000人を超えました。

大成ゼミは段ボールに絵具で自由に着色していく「ピカソチック」というワークショップを行いました。絵具まみれになりながら生き生きと色を塗り続けている子どもたちの姿とそれを支える学生たちの姿、そして教職に就いた卒業生が段ボールの衣装を身にまとって参加していたことにも深い感銘を受けました。

ブログには、準備段階の様子や当日の感想が綴られ、汚れを気にせず表現する姿への共感や親子関係などに関する気づきなど、この体験から多くの学びを得ていることが伝わってきます。

アートパークプロジェクト
http://artpark.exblog.jp/

(2) 長野県立短期大学：大南ゼミ

長野県立短期大学幼児教育学科の大南匠先生の大学での専門は音楽で、ピアノ・サウンドパフォーマンス、音楽表現を研究しています。静岡県富士市における子どもを対象としたワークショップや大学の授業においてワークショップ形式の表現活動を企画、実践しています。

これまでの活動の一つとして、絵本を素材とした表現活動のワークショップ『絵本から映像作品を作ろう！』を実践してきました。このワークショップは、音楽表現、造形表現、身体表現、言語表現などさまざまな表現を俯瞰的な視点でとらえることのできるようになること（図4-4）、また、抽象的な表現と体験を通じて自分なりに向きあうことを目的としています。素材として用意された

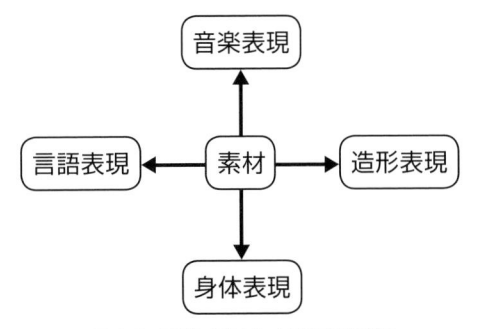

図4-4 素材（絵本）と表現の関係性

短大生による『んぐまーま』

赤ちゃん絵本やオノマトペ絵本10冊（谷川俊太郎 文／大竹伸朗 絵『んぐまーま』など）から1冊をテキストに選び、その絵本を音楽、造形、言語、身体などで表現した映像作品にします。参加者は、扱いやすいスマートフォンを使用して撮影します。上記の写真は、『んぐまーま』の絵本における「いろにけ、へぶとむ、むゆわそ…」のシーンです。椅子でリズムを取りつつ、言葉をボイスアンサンブルで奏でています。

大人が日常生活の中であまりかかわることのない抽象的な表現とかかわる楽しさを少しでも感じてもらうことをワークショップの到達点として活動しているそうです。参加者が活動の結果を気にせず、豊かな表情とのびのびとした動きで取り組んでいる様子から、一人ひとりの表現する力が養われる機会となっていることが感じられます。

（3）「幼児キャンプ教室」信州大学平野ゼミの取り組み

信州大学教育学部生涯スポーツ課程野外教育コースの平野吉直先生の専門は野外教育です。教育的意義のもと、キャンプなどの自然体験活動を、主に青少年対象でさまざまな活動を行っています。

特に、夏休みには大学の公開講座として、幼児対象のキャンプ教室や小学生対象のキャンプ教室を開催しています。幼児キャンプは、長野県内の幼稚園・保育園の年長児を約24名公募し、3泊4日の日程で、長野市の戸隠キャンプ場で行われています。

日時		活動
1日目	午前	大学集合、バス移動 テント設営、散策
	夜	野外炊事、森の絵本
2日目	午前	戸隠探検ゲーム
	午後	戸隠探検ゲーム 川遊び、野外炊事
	夜	ナイトシアター
3日目	午前	瑪瑙山（めのう）登山
	午後	登山、入浴
4日目	午前	クラフト
	午後	バス移動、大学解散

表4-1 主なプログラム

「自然の中にどっぷりつかって、仲間と共にたっぷり遊ぶ」というテーマのもと、さまざまな活動を通し、豊かな感性、身体を動かす楽しさ、人間関係能力を育むことをねらいとしています。スタッフは平野ゼミの学生を中心に、参加者数の24名以上がかかわります。班ごとにキャンプカウンセラー（学生）がついて、子どもたちの活動をサポートします。プログラム係や食事係の学生は、子どもたちがワクワク、ドキドキするような活動を考え、準備します。そして、キャンプ期間中は、子どもたちと寝食を共にし、めいっぱい遊びます。こうした体験から、学生は幼児とのかかわりについてや、幼児期の自然体験の重要性について体験を通して学んでいきます。

幼児と大学生が濃密にかかわり、互いに刺激しあうことで、相互の成長へとつながる活動です。

（4）鹿児島大学での取り組み
　　　－デジタル絵本の利用を通して－

①実践プロセスの可視化

　2013年7月、本学教育学部の授業「児童学概論」において、子どもと絵本というテーマで「デジタル絵本への誘い」を実施しました。この授業は、主に小学校教諭を目指す家政専修の2年生12名が受講しており、『いのち』『いっしょ』『お月さまの一日』『くらげ』『くろまるのやまのぼり』『ころころ』『まる』『まる・まーる・まる』の8つの作品を紹介しました。その際に、完成されたデジタル絵本を読むだけでなく、実践プロセスを可視化することを心がけました。「なぜ、白丸と黒丸のデジタル絵本をつくるようになったのか」、それらをつくりあげたさまざまな「出会い」やその後のひろがりの「場」を合わせて紹介し、淑徳大学仲本・松山合同ゼミ生たちが取り組んできた実践の臨場感を共に味わうことをねらいました。

②デジタル絵本の「読者」から「創造者」へ

　受講生の感想では、（Ⅰ）新たな気づき：「たくさんの色使いや上手な絵が一番よい絵本とは限らないことを考えさせられた。今までの概念が壊れたと思った」、（Ⅱ）ストーリーに魅了：「次はどうなるのかなというワクワク感、すごく引き込まれるものがあった」「丸だけで命を表現し、人生を描いて、生に対する強い思いまでもが伝わってきた。感動した」、（Ⅲ）自己体験のふりかえり：「自分で考えて絵本をつくる機会が何回かあり、大変ではあったが楽しかった」、（Ⅳ）創造可能性：「機会があったら、自分でもデジタル絵本づくりに挑戦してみたい」「三角だけ、四角だけというのもできると思う」といった単なる読者を超えて、制作への主体的なかかわりが述べられるなど、デジタル絵本を利用した新たな教育の可能性が示唆されました。こうした点を踏まえて、今後は実際の制作を取り入れた授業展開を考えています。（金娟鏡）

おわりに

　今年はどんな絵本の世界になるのかなという期待が、回を重ねるごとに大きくなっています。企画・運営をしてみたいという学生たち、参加を楽しみにしている子どもたち、それを見守る地域の方たちが集うのは、そこに豊かな絵本の世界がひろがっているからでしょう。

　学生たちが選んだ絵本の中には、幼い頃から親しみ、今年度、ちょうど30周年、40周年、50周年のアニバーサリーを迎えた絵本があります。時代や世代を超えて私たちを魅了する絵本の世界を「体感する」ことを目指し、身体性や感動を大切にしたワークショップをつくり出そうと試みたことが、豊かな出会いや連携、学びにつながりました。その源には絵本の力があります。まず、すばらしい絵本を生み出し、この小さな試みをあたたかく見守ってくださった作家のみなさまと出版社の方々に深く感謝致します。

　また、絵本をテーマにしたワークショップには前例がありませんでした。その世界は1冊ずつ異なり、毎回が試行錯誤の連続でした。完璧な形や筋書きがないことが学生たちの力を引き出し、子どもたちは創造的な参加者として力を発揮してくれましたが、一方で、だからこそ思いがけない出来事が起こり、さまざまな感情を味わう場面もありました。そうしたことも含めて、絵本の世界を介して出会い、相互に学びあい、その豊かさを分かちあってくださったすべての人に、感謝の気持ちを伝えたいと思います。また、こうして活動を継続することができたのは、巻末にお名前を挙げさせていただいた多くの方々のご理解とご協力あってのことです。お礼を申し上げると共に、引き続きのご支援をお願い申し上げます。

　そして、本書の発刊は、ワークショップの舞台でもある淑徳大学の出版助成によって実現しました。本学の教育研究活動への厚い支援に深謝いたします。

　多くの方に支えられて誕生した本書が、表現にかかわる多様な授業、あるいは大学以外の教育実践の材料となり、主体的な学びの実現を目指す読者を新たな試みへと誘うことを願っています。

　最後に、多くの図版を整理し、執筆に伴走してくださった萌文書林の服部直人社長、古木美絵子氏に心からお礼を申し上げます。

2014年2月　　　　　　　執筆者一同

絵本の世界を体感するワークショップに参加した学生たち

言語・造形表現ゼミ
3年生
石井　健太
齊藤　沙織
井上　睦美
中村　理沙
吉野　えりな
伊東　結香
山際　あかね
鈴木　美穂
猿田　孝明
竹田　風太
永野　詩菜
守野　沙織
大久保　舞
川島　一也
渡辺　玲香
牧野　麻未
阿部　有紀子
三枝　尚貴
大江　永里子
伊藤　萌
吉野　智也
小澤　美沙
冨永　あい
松丸　英雄
千葉　彩月
齊藤　佑季

野外教育ゼミ
3年生
川上　大輝
蝦原　美代乃
髙橋　沙耶香
阿部　紗弓
渡邉　あゆみ
髙橋　夏生

情報ゼミ
3年生
沖中　美優
中川　弥美
金井　歩美
在原　励奈
上村　英里
伊藤　真季

言語表現ゼミ
4年生
石田　紗也
前之園　千恵
藪本　紗和子
中村　秀一
鯵坂　真由
井澤　友里
松本　晴菜
藤田　翔平
佐藤　光生
佐藤　大毅

造形表現ゼミ
4年生
矢﨑　莉奈
髙野　翔平
富田　海津帆
小林　芽伊子
日暮　康二
藤井　悠
菊地　優香
石井　小百合
瀬戸　あゆ美
越前　祥子
渡邊　拓実
大久保　知美

4年生
岩瀬　雄太
川下　瑛里華
小島　彩花
福村　修吉
森岡　大紀
大山　未来
神部　誠一

田中　瑛里花
五十嵐　紗弥
野口　絢加
井口　愛子
大野　美音
村杉　美紀
小川　昂平
志田　美鶴

小林　歩未
中野　竜也
土屋　瑠里子
長谷川　知美
吉江　一樹
中西　礼
半田　華子
小松崎　真完
2012年度
相川　友妃子
末吉　香菜
菊地　晴海

勝見　里歩
佐藤　加奈
堀　一輝
間　柚香
2012年度
伊藤　恵里子
天野　拓馬
松尾　冴子
石原　幸太
齋藤　彩菜
今関　沙耶
小林　洋也
岩尾　美幸
田島　喬史

小池　章仁
2012年度
赤山　達也
白石　倖規
菅野　政人
佐藤　薫
増渕　仁美
佐藤　悦史

堤　梨絵
浅野目　梨沙
川本　賢
竹村　渓吾
田尻　亜弥
花澤　杏奈
齋藤　大基
新屋　美奈

吉田　悠介
金塚　はるな
佐藤　澪
若色　愛美
佐藤　陽子
山本　理恵
有田　夕夏
太田　菜々恵
大竹　恵里奈
長妻　保那実
中村　祐二
小柴　あやの

政門　宏太朗
磯部　唯
田中　美穂
堀江　麗美
宮下　佑士郎
前田　美穂
2011年度
廣瀬　唯
黒田　久代
内山　陽子
北野　史
伊藤　実佳子
須賀　郁
阿部　太久也

坂田　智洋
土田　太樹
野村　絵里花
江部　泰古
羽生　沙智
久保田　純平
松金　健太
積田　一星

中村　彩乃
4年生
髙野　健太
細越　貴裕
篠井　亮太
木内　大喜
甃沢　公一郎
横田　絵莉奈

2011年度
有馬　美紀
西村　美咲
三浦　達也
吉原　旦人
田中　陽一朗
草野　鋼一
山口　久美子
相川　若奈
國本　淳
浅見　瑞穂
伊東　歩美

伊藤　元紀
金城　詩織
埜崎　瑠美
杉平　響子
塚田　莉奈
佐久間　亜有美
2010年度
川上　桃子
竹谷　香奈子
吉田　侑弥
飯出　敏裕
馬詰　枝里
池田　恭平
宇井　歩美

2011年度
竹内　洋貴
関谷　麻人
桐澤　麻衣
関屋　政仁
宮下　友希
川上　元
竹内　麻実

川上　浩之
井上　瞳
里見　勇飛
髙橋　祐樹
古谷　佑太
松本　美香
飯島　史弥
島田　翔平

大塚　みのり
佐々木　愛
生稲　孝博
齊藤　美幸
鈴木　朋実
対馬　慎太郎

島田　泰成
本間　史帆
尾﨑　智子
藤谷　香織
辻　満宇
小髙　瑞季
黒田　俊明
鈴木　隆正
藤原　志織
早瀬　翔太
小川　雄一郎

有福　佳世
桑原　由紀
湯浅　ひかり
宮本　晶代
正田　由加
石渡　和樹
江沢　泰浩

露崎　友美
井澤　大一
齋藤　真理
星　翔太
白木　秀幸

―――― 執筆者（執筆分担）――――

槇 英子 まき ひでこ　　　（1章、3章2、4章）
千葉大学教育学部中学校教員養成課程美術科卒業。筑波大学芸術学研究科杉田豊研究室研究生修了。千葉大学大学院教育学研究科学校教育専攻幼児教育分野修了（教育学修士）。幼稚園造形講師、短期大学兼任講師、専任講師を経て、現在、淑徳大学総合福祉学部教育福祉学科准教授。ほかに千葉大学非常勤講師、生涯学習サークルアトリエたんぽぽ指導。
専攻 造形教育学・幼児教育学

仲本 美央 なかもと みお　（1章、2章、3章1、4章）
北海道教育大学教育学部幼稚園教員養成課程卒業。北海道教育大学大学院教育学研究科学校教育専攻修士課程修了。筑波大学大学院ヒューマン・ケア科学研究科生活支援学専攻博士3年制課程修了。博士（学術）。保育者および社会福祉士などを養成する短期大学・大学の助手、講師を経て、現在、淑徳大学総合福祉学部教育福祉学科准教授。
専攻 保育学・乳幼児教育学

瀧 直也 たき・なおや　　　（1章、3章3、4章）
信州大学教育学部生涯スポーツ課程生涯スポーツ専攻卒業。信州大学大学院教育学研究科教科教育専攻保健体育専修修了（教育学修士）。独立行政法人国立青少年教育振興機構国立妙高青少年自然の家職員を経て、現在、淑徳大学コミュニティ政策学部准教授。
専攻 野外教育学

松山 恵美子 まつやま えみこ　（1章、3章4、4章）
獨協大学経済学部経営学科卒業。企業でプログラマー職、SE職を経て獨協大学大学院経済・経営情報学研究科に入学（前田功雄研究室）。獨協大学大学院経済学研究科博士前期課程経済・経営情報学専攻課程修了（経済学修士）。東海大学政治経済学部などの非常勤講師を経て、現在、淑徳大学総合福祉学部社会福祉学科准教授。ほかに獨協大学国際教養学部非常勤講師。
専攻 教育工学・情報教育学

協力団体一覧（あいうえお順）

アート・ビオトープ那須、いわむらかずお絵本の丘美術館、鹿児島大学金研究室、株式会社oiseau、株式会社偕成社、株式会社童心社、株式会社二期リゾート、株式会社福音館書店、株式会社ブロンズ新社、株式会社ランゲージ・ティーチング・レボリューションズ、劇団月の砂漠、CSE株式会社、慈光保育園、淑徳大学、信州大学平野研究室、聖徳大学大成研究室、大巌寺、千葉市教育委員会、千葉市民間保育園協議会、千葉市幼稚園協会、千葉市立松ケ丘中学校特別支援学級、長野県立短期大学大南研究室

表紙写真および写真撮影協力

永渕元康（株式会社サイラ代表取締役、淑徳大学総合福祉学部卒業生）

絵本でつくるワークショップ
―― 体感しよう絵本の世界

2014年3月25日　初版第1刷発行

著　者　槇英子・仲本美央・瀧直也・松山恵美子
発行者　服部直人
発行所　株式会社萌文書林
〒113-0021　東京都文京区本駒込6-25-6
Tel.03-3943-0576　Fax.03-3943-0567
http://www.houbun.com/
info@houbun.com

ISBN978-4-89347-202-1

印　刷　モリモト印刷株式会社

＊乱丁・落丁本はお取り替えいたします。＊定価はカバーに表示されています。
＊本書の内容の一部または全部を無断で複写（コピー）することは、法律で認められた場合を除き、著作権者及び出版社の権利の侵害になります。
＊本書からの複写をご希望の際は、予め小社宛に許諾をお求めください。